江苏省安全生产培训系列教材

企业班组长安全管理

东南大学出版社
·南京·

图书在版编目(CIP)数据

企业班组长安全管理/江苏省安全生产培训教材编写委员会主编. —南京:东南大学出版社,2012.6
(2020.11 重印)

ISBN 978-7-5641-3606-2

Ⅰ.①企… Ⅱ.①江… Ⅲ.①生产小组－工业企业管理－生产管理 Ⅳ.①F406.6

中国版本图书馆 CIP 数据核字(2012)第 128239 号

东南大学出版社出版发行
(南京四牌楼 2 号 邮编 210096)
出版人:江建中
江苏省新华书店经销 南京玉河印刷厂印刷
开本:850mm×1168mm 1/32 印张:4.875 字数:127 千字
2012 年 6 月第 1 版 2020 年 11 月第 8 次印刷
ISBN 978-7-5641-3606-2
印数:27301—29300 册 定价:11.80 元
本社图书若有印装质量问题,请直接与营销部联系。电话:025-83791830

江苏省安全生产培训教材编写委员会

编写委员会主任、副主任、委员

主　任：王向明

副主任：赵利复　刘振田　喻鸿斌　徐　林　陈忠伟
　　　　姜　坚　柏利忠　赵启凤　单昕光

委　员：（按姓氏笔画为序）
　　　　王从金　孙友和　庄国波　华仁杰　汪　波
　　　　苏　斌　张　昕　沈晨东　宋明岗　张新年
　　　　张继闯　李瑞林　武　奇　赵宝华　赵昶东
　　　　洪家宁　倪建明　曹永荣　曹　斌　崔　泉
　　　　熊佳芝　魏持红

编写委员会办公室主任、副主任、成员

主　任：汪　波

副主任：孙友和　严建华

成　员：陈小红　昝夏青

序

安全生产是社会文明和进步的重要标志。当前,江苏正处于全面实现小康并向基本现代化迈进的关键时期,同时也是安全生产状况由明显好转向根本好转目标迈进的重要阶段。但受生产力发展水平的制约和从业人员素质的影响,江苏依然处在生产安全事故的易发期、高发期,安全生产基础依然薄弱,安全生产形势依然严峻。

复杂、严峻的安全生产形势,需要逐级落实安全生产责任制。班组是企业安全管理的基层组织,是控制事故的前沿阵地。大量的生产事故都与班组生产中违章指挥、违章操作以及各种可以消除而没有及时消除的隐患有关。这清楚地表明做好安全生产工作,首先要从班组教育培训抓起。

为了给企业班组员工提供一本简单实用、通俗易懂的学习实用读本,江苏省安全生产监督管理局委托江苏省安全生产宣传教育中心邀请了具有丰富班组安全工作经验的专家编写了这本《企业班组长安全管理》。本书简单实用、通俗易懂,具有较好的操作性。希望通过本书,读者能够掌握班组安全生产的必要方法,规范员工作业行为,杜绝违章指挥、违章作业、违反劳动纪律的"三违"行为,防范各类安全生产事故的发生。

　　本书的编写时间紧、任务重、要求高,所有参加编写和参与组织工作的同志们都以高度负责的精神忘我工作,为此付出了辛勤的劳动。同时,在编写过程中,各市安监部门的同志和省内从事安全生产工作的专家们对此提出了不少宝贵意见和建议,给予了大力支持,在这里一并表示谢意。

江苏省安全生产监督管理局局长
江苏煤矿安全监察局局长

2012 年 5 月

前　言

　　班组是企业安全管理的最基层组织,班组长是企业安全生产工作第一线的直接指挥者和组织者。班组长的安全素质和安全意识直接关系到安全生产各项法律法规、规章规程和管理制度的贯彻落实。

　　为落实科学发展观,认真贯彻《国务院关于进一步加强企业安全生产工作的通知》(国发〔2010〕23号)和《省安委会办公室关于进一步加强企业班组长安全培训工作的实施办法》(苏安办〔2011〕27号)精神,坚持以人为本,牢固树立安全发展的理念,坚持"安全第一、预防为主、综合治理"的方针,我们组织编写了《企业班组长安全管理》一书。本书主要以提高班组长和班组全体人员安全素质为重点,以提升企业现场安全管理水平、减少和杜绝"三违"为目的,强化安全培训的基础作用,夯实企业安全生产工作基础,为企业安全生产提供坚实保障。

　　本书针对班组安全生产管理的特点,紧密联系班组安全生产的工作实际,是班组工作经验和安全管理的有机结合,具有一定的针对性和实用性,希望本书的出版会对班组安全建设起到一定的启发作用。

本书在编写过程中得到了常州市安全生产监督管理局、常州市劳动保护宣传教育中心、常州市武进区武安安全生产培训服务中心的大力支持,在此我们表示最衷心的感谢。

由于时间紧、任务重,书中不当之处在所难免,敬请广大读者指正为盼!

编　者

2012年5月

目 录

第一章 班组安全生产概述
第一节 安全生产的概念
一、新《安全生产法》简介 …………………………（1）
二、安全生产方针 …………………………………（6）
三、从业人员安全生产权利 ………………………（6）
四、从业人员安全生产义务 ………………………（8）
五、安全生产规章制度 ……………………………（9）
六、职业卫生理念 …………………………………（9）

第二节 班组与班组长 ………………………………（10）
一、班组的概念 ……………………………………（10）
二、班组的特点 ……………………………………（11）
三、班组长的安全素质要求 ………………………（11）
四、班组长的领导方法 ……………………………（12）
五、与员工沟通的方式和技巧 ……………………（13）

第三节 班组长的一天 ………………………………（16）

第二章 班组安全生产的组织管理
第一节 班组长的职责和作用 ………………………（19）
一、班组（岗位）责任制 ……………………………（19）
二、班组长的安全职责 ……………………………（19）
三、操作人员安全职责 ……………………………（20）

第二节 加强现场安全巡视检查 ……………………（21）
一、班组安全检查的目的 …………………………（21）
二、巡视检查记录内容 ……………………………（21）

第三节 班组现场的安全管理 ………………………（22）

  一、按照安全操作规程进行作业 …………………（22）
  二、开展多种形式的安全活动 ……………………（22）
  三、明确责任,加强考核 ……………………………（22）
  四、做好安全防护工作 ……………………………（22）
  五、做好安全管理台账 ……………………………（23）
 第四节 班组安全文化建设 …………………………（24）
  一、班组安全文化建设的主要内容 ………………（24）
  二、班组安全文化建设的途径方法 ………………（25）
  三、班组安全文化建设的手段 ……………………（25）
 第五节 "白国周班组管理法"主要内容 ……………（26）
  一、"三勤":勤动脑、勤汇报、勤沟通 ……………（26）
  二、"三细":心细、安排工作细、抓工程质量细
    ………………………………………………（26）
  三、"三到位":布置工作到位、检查工作到位、处理
    隐患到位 ………………………………………（27）
  四、"三不少":班前检查不能少、班中排查不能少、
    班后复查不能少 ………………………………（27）
  五、"三必谈":发现情绪不正常的人必谈、对受到
    批评的人必谈、每月必须召开一次谈心会
    ………………………………………………（27）
  六、"三提高":提高安全意识、提高岗位技能、提高
    团队凝聚力和战斗力 …………………………（28）
 第六节 安全色与视觉管理 …………………………（28）
  一、安全色的含义 …………………………………（28）
  二、对比色的使用 …………………………………（29）
  三、安全标志 ………………………………………（29）
  四、现场视觉管理 …………………………………（30）
 第七节 岗位作业安全标准化的管理 ………………（30）
  一、班组推行岗位作业安全标准化的意义 ………（31）
  二、岗位作业安全标准化的作用 …………………（31）

  三、制定岗位作业安全标准化的注意事项 ……… (32)
  四、推行岗位作业安全标准化应注意的事项 ……… (32)
 第八节　班组安全活动 ……………………………… (33)
  一、安全活动的形式 ………………………………… (33)
  二、班组安全活动记录 ……………………………… (35)

第三章　安全常识
 第一节　机械安全 …………………………………… (36)
  一、机械伤害的危害因素 …………………………… (36)
  二、机械设备的危险部位 …………………………… (36)
  三、常见机械伤害事故 ……………………………… (37)
  四、机械设备的通用安全技术措施 ………………… (37)
  五、机械设备使用 …………………………………… (38)
 第二节　起重机械安全 ……………………………… (40)
  一、常见起重机械事故 ……………………………… (40)
  二、起重作业造成伤害的主要因素 ………………… (41)
  三、起重机械的安全技术措施 ……………………… (41)
  四、起重机械的安全防护装置 ……………………… (41)
 第三节　焊接安全 …………………………………… (42)
  一、焊接与热切割作业的危险有害因素 …………… (42)
  二、焊接与热切割作业的安全管理 ………………… (44)
  三、焊接作业中的个人防护措施 …………………… (45)
  四、焊接（切割）工作完成后的清理 ………………… (45)
 第四节　用电安全 …………………………………… (46)
  一、触电事故 ………………………………………… (46)
  二、电气安全技术 …………………………………… (47)
  三、电气安全的特殊防护 …………………………… (47)
  四、手持式、移动式电气设备安全技术措施 ……… (49)
  五、电气防火和防爆 ………………………………… (50)
 第五节　危险化学品安全 …………………………… (52)

一、危险化学品分类及特性 ………………………（52）
　　　二、危险化学品包装标志 …………………………（56）
　　　三、安全技术说明书及安全标签 …………………（63）
　第六节　密闭空间作业安全 …………………………（64）
　　　一、常见的密闭空间 ………………………………（64）
　　　二、密闭空间的职业中毒原因 ……………………（64）
　　　三、密闭空间作业注意事项 ………………………（64）
　第七节　矿山井下及露天开采安全 …………………（65）
　　　一、基本概念 ………………………………………（65）
　　　二、矿山地下开采及事故预防 ……………………（66）
　　　三、矿山露天开采及事故预防 ……………………（73）
　第八节　个体劳动防护用品 …………………………（82）

第四章　危险源辨识
　第一节　危险源与危险源分类 ………………………（85）
　　　一、危险源的概念 …………………………………（85）
　　　二、危险源的分类 …………………………………（86）
　第二节　危险源辨识内容及方法 ……………………（88）
　　　一、危险源辨识与风险控制 ………………………（88）
　　　二、危险源辨识的基本步骤 ………………………（89）
　　　三、危险源辨识的方法 ……………………………（90）
　　　四、危险源辨识方法介绍 …………………………（91）
　第三节　班组危险预知活动 …………………………（93）
　　　一、危险预知活动分为四个阶段 …………………（93）
　　　二、工前五分钟活动 ………………………………（94）

第五章　现场安全检查
　第一节　班组安全检查 ………………………………（95）
　　　一、班组安全检查的类型 …………………………（95）
　　　二、安全生产检查的一般程序 ……………………（96）

三、班组安全检查的主要内容 …………………………（96）
　第二节　常用设备的安全检查 …………………………（98）
　　　一、机械设备安全检查 …………………………………（98）
　　　二、起重设备安全检查的主要内容 ……………………（102）
　　　三、厂内机动车安全检查的主要内容 …………………（102）
　　　四、电气安全检查的主要内容 …………………………（102）
　　　五、焊接与热切割安全检查的主要内容 ………………（103）
　　　六、通风设备安全检查的主要内容 ……………………（104）
　　　七、锅炉、压力容器安全检查的主要内容 ……………（104）
　　　八、金属热加工安全检查的主要内容 …………………（105）
　　　九、热处理过程中的危险因素 …………………………（105）
　　　十、医药、化工生产安全检查的主要内容 ……………（106）

第六章　现场应急处置与自救互救

　第一节　现场事故应急 …………………………………（108）
　　　一、应急准备 ……………………………………………（108）
　　　二、应急演练 ……………………………………………（109）
　第二节　现场急救常识 …………………………………（110）
　　　一、触电急救 ……………………………………………（110）
　　　二、危险化学品伤害急救 ………………………………（110）
　　　三、煤气中毒急救 ………………………………………（111）
　　　四、烧伤的救治方法 ……………………………………（113）
　　　五、机械伤害急救 ………………………………………（113）
　　　六、中暑急救 ……………………………………………（115）
　　　七、毒气泄漏场所 ………………………………………（115）
　　　八、高处坠落的急救 ……………………………………（116）
　第三节　遭遇火灾逃生方法和事故现场报警、急救知识
　　　　　　　　　　　　　　　　　　　　　　　　　 （117）
　　　一、遭遇火灾逃生方法 …………………………………（117）
　　　二、掌握报警程序 ………………………………………（119）

三、熟练掌握常用的急救方法……………………（119）
　　四、熟知常见事故应急处置方案……………………（122）

第七章　标准作业改善与职业卫生
第一节　作业现场"5S"管理……………………………（123）
　　一、"5S"的含义…………………………………（123）
　　二、现场开展"5S"的注意要点…………………（124）
第二节　高温作业条件改善……………………………（125）
　　一、高温作业类型…………………………………（125）
　　二、高温作业对健康的危害………………………（125）
　　三、防暑降温措施…………………………………（126）
　　四、防暑降温保健措施……………………………（127）
　　五、防暑降温组织措施……………………………（127）
第三节　低温作业条件改善……………………………（128）
　　一、低温作业的危害………………………………（128）
　　二、低温、冷水作业的防护措施…………………（128）
第四节　职业卫生………………………………………（128）
　　一、职业危害因素的主要种类……………………（128）
　　二、职业病的种类…………………………………（131）
　　三、职业病的预防管理……………………………（132）

第八章　典型事故案例
　　一、机械伤害事故案例……………………………（134）
　　二、起重事故案例…………………………………（135）
　　三、登高事故案例…………………………………（136）
　　四、焊割事故案例…………………………………（137）
　　五、触电事故案例…………………………………（138）
　　六、防火防爆事故案例……………………………（139）

后　记 ……………………………………………………（141）

第一章　班组安全生产概述

第一节　安全生产的概念

一、新《安全生产法》简介

《中华人民共和国安全生产法》自 2002 年 11 月 1 日施行以来,对加强和改进安全生产工作起到了重要作用,对于建设有中国特色的安全生产法律体系,使安全生产工作走上法制化轨道,具有十分重大的意义。但随着社会经济的发展,《安全生产法》施行中也出现一些问题,2011 年 7 月 27 日,温家宝总理主持召开第 165 次国务院常务会议,要求加快修订《安全生产法》。

目前,《全国人民代表大会常务委员会关于修改〈中华人民共和国安全生产法〉的决定》已由中华人民共和国第十二届全国人民代表大会常务委员会第十次会议于 2014 年 8 月 31 日通过,自 2014 年 12 月 1 日起施行。修订后的《安全生产法》共有七章,并由原来的 97 条变到 114 条,增加了 17 条,修改了 57 个条款。

从结构、内容来看,修订后的《安全生产法》吸收了国际上的一些很成熟的安全生产的监管经验,平衡了各个方面的利益。突出事故隐患排查治理和事前预防,重点强化了三方面的制度措施:① 强化落实生产经营单位主体责任,解决安全生产责任制、安全生产投入、安全生产管理机构和安全生产管理人员作用发挥等问题、事故隐患排查治理制度等问题;② 强化政府监管,完善监管措施,加大监管力度;③ 强化安全生产责任追究,加重对违法行为特别是对责任人的处罚力度,着力解决如何"重典治乱"的问题。具体包括:

1. 坚持以人为本,推进安全发展

新法提出安全生产工作应当以人为本,充分体现了习近平总书记等中央领导同志近一年来关于安全生产工作一系列重要指示精神,对于坚守发展决不能以牺牲人的生命为代价这条红线,牢固树立以人为本、生命至上的理念,正确处理重大险情和事故应急救援中"保财产"还是"保人命"问题,具有重大意义。为强化安全生产工作的重要地位,明确安全生产在国民经济和社会发展中的重要地位,推进安全生产形势持续稳定好转,新法将坚持安全发展写入了总则。

2. 建立完善安全生产方针和工作机制

新法确立了"安全第一、预防为主、综合治理"的安全生产工作"十二字方针",明确了安全生产的重要地位、主体任务和实现安全生产的根本途径。"安全第一"要求从事生产经营活动必须把安全放在首位,不能以牺牲人的生命、健康为代价换取发展和效益。"预防为主"要求把安全生产工作的重心放在预防上,强化隐患排查治理,打非治违,从源头上控制、预防和减少生产安全事故。"综合治理"要求运用行政、经济、法治、科技等多种手段,充分发挥社会、职工、舆论监督各个方面的作用,抓好安全生产工作。坚持"十二字方针",总结实践经验,新法明确要求建立生产经营单位负责、职工参与、政府监管、行业自律、社会监督的机制,进一步明确各方安全生产职责。做好安全生产工作,落实生产经营单位主体责任是根本,职工参与是基础,政府监管是关键,行业自律是发展方向,社会监督是实现预防和减少生产安全事故目标的保障。

3. 落实"三个必须",明确安全监管部门执法地位

按照"三个必须"(管业务必须管安全、管行业必须管安全、管生产经营必须管安全)的要求:① 新法规定国务院和县级以上地方人民政府应当建立健全安全生产工作协调机制,及时协调、解决安全生产监督管理中存在的重大问题。② 明确国务院和县级以上地方人民政府安全生产监督管理部门实施综合监督管理,有关部门在各自职责范围内对有关行业、领域的安全生产工作实施监督管理。并将其统称负有安全生产监督管理职责的部门。③ 明确各级安全生产监督管理部门和其他负有安全生产监督管理职责的部门作为执法部门,依法开展安全生产行政执法工作,对生产经

营单位执行法律、法规、国家标准或者行业标准的情况进行监督检查。

4. 明确乡镇人民政府以及街道办事处、开发区管理机构安全生产职责

乡镇街道是安全生产工作的重要基础,有必要在立法层面明确其安全生产职责,同时,针对各地经济技术开发区、工业园区的安全监管体制不顺、监管人员配备不足、事故隐患集中、事故多发等突出问题,新法明确:乡、镇人民政府以及街道办事处、开发区管理机构等地方人民政府的派出机关应当按照职责,加强对本行政区域内生产经营单位安全生产状况的监督检查,协助上级人民政府有关部门依法履行安全生产监督管理职责。

5. 进一步强化生产经营单位的安全生产主体责任

做好安全生产工作,落实生产经营单位主体责任是根本。新法把明确安全责任、发挥生产经营单位安全生产管理机构和安全生产管理人员作用作为一项重要内容,作出四个方面的重要规定:① 明确委托规定的机构提供安全生产技术、管理服务的,保证安全生产的责任仍然由本单位负责;② 明确生产经营单位的安全生产责任制的内容,规定生产经营单位应当建立相应的机制,加强对安全生产责任制落实情况的监督考核;③ 明确生产经营单位的安全生产管理机构以及安全生产管理人员履行的七项职责;④ 规定矿山、金属冶炼建设项目和用于生产、储存危险物品的建设项目竣工投入生产或者使用前,由建设单位负责组织对安全设施进行验收。

6. 建立事故预防和应急救援的制度

新法把加强事前预防和事故应急救援作为一项重要内容:① 生产经营单位必须建立生产安全事故隐患排查治理制度,采取技术、管理措施及时发现并消除事故隐患,并向从业人员通报隐患排查治理情况的制度。② 政府有关部门要建立健全重大事故隐患治理督办制度,督促生产经营单位消除重大事故隐患。③ 对未建立隐患排查治理制度、未采取有效措施消除事故隐患的行为,设

定了严格的行政处罚。④赋予负有安全监管职责的部门对拒不执行执法决定、有发生生产安全事故现实危险的生产经营单位依法采取停电、停供民用爆炸物品等措施,强制生产经营单位履行决定。⑤国家建立应急救援基地和应急救援队伍,建立全国统一的应急救援信息系统。生产经营单位应当依法制定应急预案并定期演练。参与事故抢救的部门和单位要服从统一指挥,根据事故救援的需要组织采取告知、警戒、疏散等措施。

7. 建立安全生产标准化制度

安全生产标准化是在传统的安全质量标准化基础上,根据当前安全生产工作的要求、企业生产工艺特点,借鉴国外现代先进安全管理思想,形成的一套系统的、规范的、科学的安全管理体系。2010年《国务院关于进一步加强企业安全生产工作的通知》(国发〔2010〕23号)、2011年《国务院关于坚持科学发展安全发展促进安全生产形势持续稳定好转的意见》(国发〔2011〕40号)均对安全生产标准化工作提出了明确的要求。近年来矿山、危险化学品等高危行业企业安全生产标准化取得了显著成效,工贸行业领域的标准化工作正在全面推进,企业本质安全生产水平明显提高。结合多年的实践经验,新法在总则部分明确提出推进安全生产标准化工作,这必将对强化安全生产基础建设,促进企业安全生产水平持续提升产生重大而深远的影响。

8. 推行注册安全工程师制度

为解决中小企业安全生产"无人管、不会管"问题,促进安全生产管理人员队伍朝着专业化、职业化方向发展,国家自2004年以来连续10年实施了全国注册安全工程师执业资格统一考试,21.8万人取得了资格证书。截至2013年12月,已有近15万人注册并在生产经营单位和安全生产中介服务机构执业。新法确立了注册安全工程师制度,并从两个方面加以推进:一方面是危险物品的生产、储存单位以及矿山、金属冶炼单位应当有注册安全工程师从事安全生产管理工作,鼓励其他生产经营单位聘用注册安全工程师从事安全生产管理工作。另一方面是建立注册安全工程师按专业分类管理制度,授权国务院有关部门制定具体实施办法。

9. 推进安全生产责任保险制度

新法总结近年来的试点经验,通过引入保险机制,促进安全生产,规定国家鼓励生产经营单位投保安全生产责任保险。安全生产责任保险具有其他保险所不具备的特殊功能和优势:① 增加事故救援费用和第三人(事故单位从业人员以外的事故受害人)赔付的资金来源,有助于减轻政府负担,维护社会稳定。目前有的地区还提供了一部分资金作为对事故死亡人员家属的补偿。② 有利于现行安全生产经济政策的完善和发展。2005 年起实施的高危行业风险抵押金制度存在缴存标准高、占用资金大、缺乏激励作用等不足,目前湖南、上海等省市已经通过地方立法允许企业自愿选择责任保险或者风险抵押金,受到企业的广泛欢迎。③ 通过保险费率浮动、引进保险公司参与企业安全管理,可以有效促进企业加强安全生产工作。

10. 加大对安全生产违法行为的责任追究力度

(1) 规定了事故行政处罚和终身行业禁入

第一,将行政法规的规定上升为法律条文,按照两个责任主体、四个事故等级,设立了对生产经营单位及其主要负责人的八项罚款处罚明文。第二,大幅提高对事故责任单位的罚款金额:一般事故罚款 20 万至 50 万,较大事故 50 万至 100 万,重大事故 100 万至 500 万,特别重大事故 500 万至 1 000 万;特别重大事故的情节特别严重的,罚款 1 000 万至 2 000 万。第三,进一步明确主要负责人对重大、特别重大事故负有责任的,终身不得担任本行业生产经营单位的主要负责人。

(2) 加大罚款处罚力度

结合各地区经济发展水平、企业规模等实际,新法维持罚款下限基本不变,将罚款上限提高了 2~5 倍,并且大多数罚则不再将限期整改作为前置条件。反映了"打非治违"、"重典治乱"的现实需要,强化了对安全生产违法行为的震慑力,也有利于降低执法成本、提高执法效能。

（3）建立了严重违法行为公告和通报制度

要求负有安全生产监督管理部门建立安全生产违法行为信息库,如实记录生产经营单位的违法行为信息;对违法行为情节严重的生产经营单位,应当向社会公告,并通报行业主管部门、投资主管部门、国土资源主管部门、证券监督管理部门和有关金融机构。

二、安全生产方针

"安全第一、预防为主、综合治理"是我国的安全生产方针。

"安全第一"是要求我们在工作中始终把安全放在第一位。当安全与生产、安全与效益、安全与速度冲突时,必须首先保证安全,即生产必须安全,不安全不能生产。

"预防为主"要求我们在工作中时刻注意预防安全事故的发生。在生产各环节,要严格遵守安全生产管理制度和安全技术操作规程,认真履行岗位安全职责,防微杜渐,防患于未然,发现事故隐患要立即处理,自己不能处理的要及时上报,要积极主动地预防事故的发生。

"综合治理"就是综合运用经济、法律、行政等手段,人管、法治、技防多管齐下,并充分发挥社会、职工、舆论的监督作用,实现安全生产的齐抓共管。

三、从业人员安全生产权利

1. 获得劳动保护的权利

职工有要求用人单位保障职工的劳动安全、防止职业危害的权利。职工与用人单位建立劳动关系时,应当要求订立劳动合同,劳动合同应当载明为职工提供符合国家法律、法规、标准规定的劳动安全卫生条件和必要的劳动防护用品;对从事有毒作业的职工定期进行健康检查;依法为职工办理工伤保险等。

2. 知情权

职工有权了解作业场所和工作岗位存在的危险因素、危害后果,以及针对危险因素应采取的防范措施和事故应急措施,用人单位必须向职工如实告知,不得隐瞒和欺骗。如果用人单位没有如实告知,职工有权拒绝工作,用人单位不得因此作出对职工不利的处分。

3. 批评、检举和控告权

职工有权对本单位安全生产工作中存在的问题提出批评,有权对违反安全生产法律、法规的行为,向主管部门和司法机关进行检举和控告。检举可以署名,也可以不署名;可以用书面形式,也可以用口头形式。但是,职工在行使这一权利时,应注意检举和控告的情况必须真实,要实事求是。用人单位不得因职工行使上述权利而对其进行打击、报复,包括不得因此而降低其工资、福利待遇或者解除与其订立的劳动合同。

4. 合法拒绝权

违章指挥是指用人单位的有关管理人员违反安全生产的法律法规和有关安全规程、规章制度的规定,指挥从业人员进行作业的行为;强令冒险作业是指用人单位的有关管理人员,明知开始或继续作业可能会有重大危险,仍然强迫职工进行作业的行为。违章指挥、强令冒险作业违背了"安全第一"的方针,侵犯了职工的合法权益,职工有权拒绝。用人单位不得因职工拒绝违章指挥和强令危险作业而打击报复,降低其工资、福利等待遇或解除与其订立的劳动合同。

5. 紧急避险权

职工发现直接危及人身安全的紧急情况时,有权停止作业,或者在采取可能的应急措施后,撤离作业场所。用人单位不得因职工在紧急情况下停止作业或者采取紧急撤离措施而降低其工资、福利待遇或者解除与其订立的劳动合同。但职工在行使这一权利时要慎重,要尽可能正确判断险情危及人身安全的程度。

6. 参加安全生产教育培训的权利

职工享有参加安全生产教育培训的权利。用人单位应依法对职工进行安全生产法律、法规、规程及相关标准的教育培训,使职工掌握从事岗位工作所必须具备的安全生产知识和技能。用人单位没有依法对职工进行安全生产的教育培训,职工可拒绝上岗作业。

7. 获得职业健康防治的权利

对于从事或接触职业危害,可能导致职业病作业的职工,有权获得职业健康检查并了解检查结果。被诊断为患有职业病的职工有依法享受职业病待遇,接受治疗、康复和定期检查的权利。

8. 工伤保险和民事索赔权

用人单位应当依法为职工办理工伤保险,为职工交纳工伤保险费。职工因安全生产事故受到伤害,除依法应当享受工伤保险外,还有权向用人单位要求民事赔偿。工伤保险和民事赔偿不能互相取代。

四、从业人员安全生产义务

1. 遵守规章制度和操作规程的义务

职工不仅要严格遵守安全生产有关法律法规,还应当遵守用人单位的安全生产规章制度和操作规程,这是职工在安全生产方面的一项法定义务。职工必须增强法纪观念,自觉遵章守纪,从维护国家利益、集体利益以及自身利益出发,把遵章守纪、按章操作落实到具体的工作中。

2. 服从管理的义务

用人单位的安全生产管理人员一般具有较多的安全生产知识和较丰富的经验,职工服从管理,可以保持生产经营活动的良好秩序,有效地避免、减少生产安全事故的发生,因此,职工应当服从管理,这也是职工在安全生产方面的一项法定义务。当然,职工对于违章指挥、强令冒险作业的行为,有权拒绝。

3. 正确佩戴和使用劳动防护用品的义务

劳动防护用品是保护职工在劳动过程中安全与健康的一种防御性装备,不同的劳动防护用品有其特定的佩戴和使用规则、方法,只有正确佩戴和使用,方能真正起到防护作用。用人单位在为职工提供符合国家或行业标准的劳动防护用品后,职工有义务正确佩戴和使用劳动防护用品。

4. 发现事故隐患及时报告的义务

职工发现事故隐患和不安全因素后,应及时向现场安全生产管理人员或本单位负责人报告,接到报告的人员应当及时予以处理。一般来说,职工报告得越早,接受报告的人员处理越早,事故隐患和其他职业危险因素可能造成的危害就越小。

5. 接受安全生产培训教育的义务

职工应依法接受安全生产的教育和培训,掌握所从事岗位工作所需的安全生产知识,提高安全生产技能,增强事故预防和应急处理能力。特殊性工种作业人员和有关法律法规规定须持证上岗的作业人员,必须经培训考核合格后,依法取得相应的资格证书或合格证书,方可上岗作业。

五、安全生产规章制度

企业的安全生产规章制度包括三类内容:

1. 安全生产责任制。责任制是企业安全生产的总则,是生产经营单位最基本的安全生产管理制度,是按照安全生产方针和管生产的同时必须管安全的原则。它是把企业各级负责人员、各职能部门及其工作人员和各岗位生产工人,在安全生产方面应做的事情及应负的责任加以明确的一种制度。它的实质是"安全生产,人人有责"。

2. 安全生产规章制度。一是安全生产管理方面的制度,有安全生产教育和培训制度、安全生产检查制度、劳动防护用品配备和管理制度、安全生产事故报告和处理制度、安全生产奖励和惩罚制度等;二是安全技术方面的制度,包括电气安全技术、锅炉压力容器安全技术、危险场所作业的安全技术管理等。

3. 岗位安全操作规程。规程是对工艺、操作、安装、检定、安全、管理等具有技术要求和实施程序所作的统一规定。安全操作规程是在生产活动中,为消除能导致人身伤亡或造成设备、财产破坏以及危害环境的因素而制定的具体技术和实施程序的统一规定。

六、职业卫生理念

1. 从我做起,主动参与岗前培训。
2. 遵守职业卫生规程,珍惜生命、保护健康。

3. 培养良好的操作行为,杜绝不安全的操作行为。
4. 整理整顿清扫清洁,创建清洁工作场所。
5. 熟知并遵守职业安全卫生警示标志。
6. 安全装置和防护设施是预防职业卫生事故的有效手段。
7. 正确使用个人防护用品。
8. 主动接受职业健康检查,早发现、早诊断、早治疗。
9. 对待事故沉着冷静。
10. 女工、未成年工享受特殊保护。

第二节 班组与班组长

班组长是班组安全生产的第一责任人。班组长虽说是兵头将尾,但所起的作用不可低估,一方面上情下达,另一方面又要带领班组成员开展具体工作。班组长的素质和能力直接影响班组的管理水平和工作绩效。

一、班组的概念

班组是企业中基本作业单位,是企业内部最基层的劳动和管理组织。

现在企业的管理层级一般都是三角形结构,基本上可以分为三层,即决策层(高层)、执行层(中层)、操作层(基层),见图1-1。

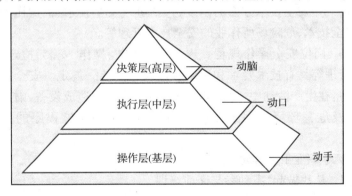

图1-1 现代企业一般管理层级

二、班组的特点

1. 机构小——班组为企业基本细胞、基层单位。
2. 管理全——质量、安全、生产、工艺、设备、劳动纪律……麻雀虽小,五脏俱全。
3. 工作细——班组工作非常具体。
4. 任务实——上面千条线,下面一根针,企业所有管理内容最终都要落实到班组。
5. 群众性——班组工作是一项群众性很强的活动,需要班组长团结员工,集中大家的智慧和力量才能更好地完成。

三、班组长的安全素质要求

1. 要有安全意识

安全意识,就是居安思危。班组长在日常生产工作和生活中,要坚持"生命第一,预防为主,综合治理",即安全问题要防在前、想在前、做在前。

(1) 防在前。事实证明,很多事故都是可以避免的,只有防在前,才能牢牢掌握安全工作的主动权,才能把事故的发生率降到最低。

班组长和操作人员不能忽略平时的安全工作,要及时发现和排除隐患,不要等到隐患扩大、恶化,甚至造成严重的后果时才想办法去解决问题。

(2) 想在前。每天在工作之前,要想想通过什么办法、措施、手段,保证安全生产。

让员工在生产过程中有安全感。要做到有安全感,就必须"想在前",这样才能抓细、抓好、抓实,才能保证安全生产。

(3) 做在前。对于员工的不安全行为、设备的不安全状态、环境的不安全因素、管理的工作不到位,班组长要对危险源进行预分析,采取应对措施,消除和防止事故的发生。

2. 要有认真态度

安全生产工作是人命关天的大事,也是一项非常实际的工作,来不得半点马虎和虚假。因此班组长要有高度的责任心和认真负责的工作态度,时时、事事、处处想到员工的安全和健康。

3. 要有实践经验

班组长要熟知本班组的生产工艺,懂得主要生产设备的结构性能、操作步骤、操作要求,并能解决生产上出现的一般技术问题,是班组里的技术多面手。

4. 要有安全技能

班组长应掌握相关的安全技术标准,熟悉企业安全管理制度和安全操作规程,具备辨别危险、控制事故的能力。

5. 要有文化知识

安全生产是一门应用性学科,需要多方面的学问作支撑。有了一定的文化知识,才能适应现代安全管理的需要。

四、班组长的领导方法

1. 以身作则,做好表率

以身作则,就是要求他人做到的事,自己首先要做到;要求他人不能干的事,自己首先不干。

做好表率,就是班组的安全想在前、遵守安全制度走在前、安全生产工作干在前。在抓安全生产时,做到嘴勤、耳勤、眼勤、手勤、腿勤,尽职尽责,热心为本班组成员的安全和健康服务。

2. 要"严"字当头

"严是爱,松是害,出了事故害三代。"班组要有严格的制度、严明的纪律、严肃的工作态度。只有"严字当头",员工的安全意识才能逐步树立起来,违章现象才有可能消除,事故才能杜绝。多数员工是通情达理的,只要方法得当,员工肯定会乐于接受。

3. 要有奖有罚,以奖为主

一般来说,要以表扬奖励为主,不要认为处罚的人越多越好。正确的做法应该是处罚面小,教育面大,抓住典型,罚一儆百。

4. 会组织开展安全活动

包括每年为期1个月的"安全生产月"、每周的"安全日"等活动,以及各种形式的安全竞赛,如百日无事故竞赛、师徒安全对手赛、安全知识竞赛,"一帮一、一对红"等活动。

5. 要搞好团结

安全工作说到底,是尊重生命、关爱健康、以人为本的一项功德无量的慈善事业。班组成员在生产过程中要做到互相关心,互相帮助。对班组成员的情绪尤其要加以注意,因为不良情绪往往是事故的肇因。

- **班组长高效管理 10 法则**

  1. 做好表率,表率是指班组长的"自治"行为。
  2. 以多管少,让多数人去管少数人。
  3. 班务公开,公开是管理要遵循的基本法则。
  4. 责任清楚,让每位员工明确自己的责任和工作目标。
  5. 奖罚分明,这是作为管理手段使用的基本法则。
  6. 管理民主,班组长应接受员工监督。
  7. 热情助人,组员当面要求解决的问题或困难,切忌置之不理。
  8. 善于检查,检查是管理的必要手段。
  9. 留心记录,好脑袋不如勤笔头,笔记比脑记更可靠。
  10. 说服为上,说服是一种高层次的管理方法。

五、与员工沟通的方式和技巧

1. 影响沟通的障碍

影响沟通的障碍有语言障碍、知识经验差距产生的障碍、组织结构不合理、沟通方式选择不当等障碍。

(1) 语言障碍。我国的语言非常丰富,常常是一句话包含多种意思,容易造成对方的曲解。

(2) 知识经验差距产生的障碍。经验不同,对同一件事的理解和感受就不同,往往容易造成话不投机半句多的局面。

(3) 组织结构不合理。组织结构不合理,就会造成上传下达渠道不通畅,从而形成沟通障碍。

(4) 沟通方式选择不当。不同的沟通对象,适合使用不同的沟通方式,如果沟通方式选择不当,往往会不欢而散,无果而终。

2. 加强与员工沟通的"四解两容"

为了加强与员工的沟通，提倡"四解"：了解、理解、谅解、和解。

了解是前提。了解一个人就能理解一个人，理解之后能够谅解，谅解之后才能和解，才能处好关系。

作为一个班组长，管理的员工性格各不相同，应该做到"两容"：容人、容事。对各种性格的人都要有包容量，对各种事都要拿得起放得下。

沟通工作需要尊重对方，尊重对方的一个重要内容就是学会倾听。

3. 表扬和批评

工作中一定要学会表扬和批评。

表扬应遵循以下原则：公开表扬，真诚表扬，恰如其分地表扬，及时表扬，迂回表扬，赏识对方。

批评对方也要注意批评的艺术，例如，双色膏式的批评，即又表扬又批评。俗话说，"打一巴掌揉三揉，别一棍子打死"。批评要讲究艺术，既要达到批评的目的，又要能够保护员工的积极性。

- **班组长人际关系简单法则**

1. 面对上司简单法则

（1）与上司相处要领

① 尊重上司，事先整理好要谈的内容，以轻重缓急记入笔记。

② 用计划和数据说话，听取上司的暗示并牢记。

③ 不发牢骚，不要只提出问题，而不提出解决问题的方案。

④ 与上司意见相左时，问明原因，讨论但不顶嘴。

⑤ 见上司时，应选对时机，不宜选在上司过忙或有紧急情况要处理的时候。

⑥ 工作进行中，应不断报告进程。报告是建立上下级关

系的基础。

(2) 面对上司批评的要领

① 批评是上司在履行职责。

② 表现出应有的气量,不要顶嘴,也不要表现出不在乎的样子。

③ 低头不语,偶尔点头。

④ 若要辩论,先说"对不起"。

⑤ 众人前挨骂也不要在乎别人的想法。

⑥ 找个倾诉对象(亲戚朋友)倾诉一番,不要压在心里。

⑦ 了解上司在骂什么,改过就是,权当教导。

⑧ 上司不讲理时,这边进那边出,心中想着快乐的事,但表面上装出反省的样子。

⑨ 次日要早到公司,以最好的状态与上司和同事打招呼,不能有怨气。

2. 面对同仁简单法则

① 尊重对方,不可自傲自满,不可凡事都自以为有一套。

② 不讲同事的坏话。

③ 不可自吹自擂。

④ 多沟通、多协调、多合作。

⑤ 多站在对方的立场想问题,少站在自己的角度想问题。

⑥ 别人不肯与自己合作,是因为自己先不与别人合作。

3. 面对下属简单法则

(1) 讲话的艺术

① 不可太快,一句一句地讲清楚。

② 不可太长,不可喋喋不休,不可一再重复。

③ 不可太抽象,重点要强调,声音有高低。

(2) 倾听的艺术

① 少讲多听,不可打断对方讲话。

② 认真听,不可不耐烦,站在对方立场想。

③ 控制情绪,保持冷静。

④ 不争论,不批评。
⑤ 多发问,表示在认真听。
(3) 斥责的艺术
① 责骂什么事情要明确指出。
② 把事情搞清楚后再责骂。
③ 不可当众人之面责骂人。
④ 就事论事,不搞人身攻击。
⑤ 不可骂粗话,不可伤人自尊心。
⑥ 暴怒时,最好不要责骂下属。

第三节　班组长的一天

班组长的一天工作,应该是从上班到下班这个时间段内,为实现作业现场安全生产而开展的所有工作。具体内容因企业的不同而不同,见表1-1(示例)。

表1-1　某公司班组长一天的工作内容(示例)

时间	项目	详细内容
7:20~7:50	清扫及准备	晨间清扫,作业环境整洁、明亮 生产材料摆放整齐,安全通道畅通 检查穿戴劳防用品是否完好 确认作业人员的健康状况
7:51~8:00	早会	回顾前一天生产情况及成果,确定当天生产的产品规格、型号、目标产量、目标质量 遵章守纪,上班无脱岗、串岗、会客、看小说、打瞌睡现象 遵守安全操作规程,不冒险不蛮干 全体人员一起喊口号,检查安全生产状态

续表 1-1

时间	项目	详细内容
8:01~10:00	生产	对辖区内消防器材(包括灭火器、消防栓、消防沙)进行检查维护保养,并处于正常备用状态 了解人员的出勤情况,为缺勤岗位安排替代作业员工 确认作业指导书、质量通报书、校准和确认工装夹具 检查设备设施完备良好,无安全隐患 无违章吸烟,无上班前酗酒或在班上喝酒现象 检查产品型号变更计划的执行情况,确认变更事项等 巡检生产过程,注意重点作业工序的状态和环境 员工行为是否按工艺、设备、安全操作规程进行操作 作业现场秩序良好,工作专注
10:01~10:10		上午工间休息
10:11~12:00	作业管理	确认生产量(将目标与实绩进行对比) 接受外出、早退、缺勤等申请,必要时进行面谈 工序进度管理 不能按时完成生产目标时,寻找并消除影响生产效率的瓶颈工序 巡查不良工序,确认重要品质项目 现场物品的堆放是否分类、安全、归位
12:01~13:00		午 休
13:01~15:00	制订计划及交流信息	确认产量;制定第二天的生产计划,并做出安排 确认和消除瓶颈工位;处理加班申请 无超温、超压现象,无设备故障发生 无其他安全隐患
15:01~15:10		下午工间休息

续表 1-1

时间	项目	详细内容
15:11~17:00	收尾工作	确认生产量(将目标与实绩进行对比) 生产现场安全管理有序 确认缺陷产品并实施对策 安排加班的工作及相关安全事项 确认无安全隐患,无安全生产事故,并填写安全日志 确认最终生产量及质量状况,检查安全装置的状态有无潜在的危险;总结班组一天的安全生产情况
17:01~17:10	每日结算	下班前检查是否做好现场卫生工作 制作日报表,统计质量与生产的实绩 结算计划与实绩对比的数据 安排加班人员及通报生产量
17:11~17:30	晚餐	
17:31~19:30	加班	统计生产量 确认关键品质项目 安全生产巡查

第二章 班组安全生产的组织管理

第一节 班组长的职责和作用

一、班组(岗位)责任制

1. 必须贯彻安全技术规程,严格执行安全技术标准。
2. 建立以班组长和班组安全员为主体的安全工作小组,针对本班组的安全问题制定出措施,发动班组全体成员查隐患、查缺陷,开展技术革新,并提出合理化建议。
3. 针对生产中的薄弱环节和重要工序,确立安全管理重点,加强控制,稳定生产。
4. 组织群众性的自检、互检活动,支持专检人员的工作,以达到共同保安全的目的。
5. 及时反馈安全生产中的信息,并做好原始记录;对发生的事故进行及时、认真的处理。

二、班组长的安全职责

1. 认真执行安全生产方针、政策和规章制度,以及本企业和本车间的安全工作指令,对本组员工在生产中的安全和健康负责。
2. 根据生产任务、劳动组织和员工的身体、情绪、思想状况,具体安排生产任务,安全工作做到班前布置,班后检查。
3. 教育和检查班组员工正确使用机器设施、电器装备、工装夹具、原材料、安全装置、个人防护用品等。确保机器设备处于良好状态,保持成品、半成品、材料及废物合理放置,通道畅通,场地整洁。消除一切不安全因素和事故隐患。
4. 对班组员工进行安全操作指导,并检查安全操作规程的遵守情况。
5. 组织每周的班组安全活动,学习新法规、新要求,学习"四新",即新工艺、新技术、新设备、新材料,做好新员工、调岗员工、复工人员的三级安全教育。

6. 发生工伤事故，应立即报告车间领导，并积极组织抢救，保护好现场。组织班组按"四不放过"原则，对工伤事故进行分析，制订防范措施。

7. 组织班组开展隐患排查治理活动，以身作则遵章守纪，制止违章指挥和违章作业。

8. 做好安全生产台账，保管安全生产资料。

➢ 班组长在生产过程中，应严格执行下列"五不准"：
  1. 危险作业未经审批，不准作业。
  2. 设备安全防护装置不全、不灵，不准使用。
  3. 新工人未经三级安全教育，不准上岗。
  4. 特种作业人员未经安全培训、取证，不准作业。
  5. 劳动组织、人员调配、作业方式不符合安全要求，不准违章指挥。

三、操作人员安全职责

1. 坚持"安全第一，预防为主，综合治理"的方针，严格遵守企业各项安全生产规章制度和安全操作规程，正确使用和保养各类设备及安全防护设施，不准乱开、乱动非本人操作的设备和电气装置。

2. 上班前做好班前准备工作，认真检查设备、工具及安全防护装置，发现不安全因素应及时报告安全员或班组长。

3. 按规定认真进行交接班，交接安全生产情况，并做好记录。

4. 积极参加和接受各种形式的安全教育和操作训练，参加班组安全活动，虚心听取安全技术人员和安全员对自己安全生产的指导。

5. 按规定正确穿戴、合理使用劳动防护用品和用具，有责任对他人的违章作业行为进行规劝，对违章指挥有权拒绝执行，并将情况立即报告有关领导和工厂安全技术人员。

6. 经常保持工作场地的清洁卫生，及时清除杂物，物品堆放要整齐稳妥，保证道路安全畅通。

7. 发生工伤、未遂工伤等事故或发现存在事故隐患时,应立即展开救援并及时向有关领导和安全技术人员(安全员)报告,并保护好现场,积极配合事故调查,提供事故的真实材料。

第二节　加强现场安全巡视检查

一、班组安全检查的目的

开展班组安全生产检查,就是根据上级有关安全生产的方针、政策、法令、指示、决议、通知和各种标准,运用系统工程的原理和方法,识别生产活动中存在的物的不安全状态、人的不安全行为,以及生产过程中潜在的职业危害。

二、巡视检查记录内容

在进行安全巡视时,要做好相应记录,以备查实和对安全问题的整改。巡视检查记录表格式见表2-1。

表2-1　巡视检查记录表

巡视时间		巡视人	
巡查区域			
巡查内容			
存在问题			
现场整改措施(如果是重大隐患,还要下发整改通知书)			

第三节 班组现场的安全管理

一、按照安全操作规程进行作业

安全技术操作规程是企业要求操作人员正确使用和爱护机械设备,进行安全生产的重要标准。

1. 认真学习和培训

每个人都要熟练掌握本岗位的安全操作规范和设备使用、维护、保养方法。对于特种作业岗位,还要严格进行笔试和实际操作考核。

2. 岗位操作标准化、规范化

实施标准化的操作是预防事故的有效方法。有了合理的标准程序和规范化操作,并反复进行训练和学习,能减少惯性违章现象,消除工艺规程中的不安全因素,从而进一步为安全生产提供保障。

二、开展多种形式的安全活动

班组安全活动是保证安全生产的方式之一,它是班组成员相互探讨安全经验、相互交流学习安全技术的平台。

三、明确责任,加强考核

班组安全管理应落实到每个岗位、每个人,做到责任明确,严格考核。

严格考核、奖罚分明是实施管理的有效手段。在班组安全管理上,必须运用有效手段保障安全制度措施落到实处,在生产中对违章的组员,要不留情面地给予批评教育甚至重罚,对遵章守纪的组员给予表扬和奖励。同时对组员进行严格考核并公开考核的结果,让大家一起来监督。

四、做好安全防护工作

在生产现场,要做好自我防护、设备防护、环境防护的工作。

1. 自我防护

(1) 做好安全教育和安全培训,提高操作人员的安全素质,增强自我保护意识。

（2）合理配备并按规定使用好防护用品、用具,做好自我保护。

2. 设备防护

设备设施是生产现场的基本工具,也是引发工伤事故的重要因素,因此应采取相应的防护措施。

3. 环境防护

（1）设备布局应方便操作,设备之间、设备与固定建筑物之间应保持安全距离,通道应通畅,充分考虑人和物的合理流向,满足物料输送的需要。

（2）作业场地不得过于狭小,工、卡、量具应按规定摆放,原材料、成品、半成品应堆放整齐、平稳,防止坍塌或滑落。

（3）地面平整,无坑洼,无油垢水污,切屑应及时清理;室外作业场地应做必要的防雨雪遮盖,有障碍物、悬挂突出物,或设备可移动的范围内,应设防护或加醒目标志。

（4）保证足够的作业照明,满足通风、温度、湿度要求,严格控制尘、毒、噪声、振动、辐射等有害物。

五、做好安全管理台账

安全管理台账,是班组日常安全管理的重要组成部分,是班组开展活动、进行危险预知、安全分析、责任认定的记载依据。内容包括:

1. 安全生产管理制度;
2. 安全生产计划、总结;
3. 安全活动记录;
4. 安全培训与考核;
5. 违章和异常情况记录;
6. 安全器具与特种安全设施的档案;
7. 安全奖惩记录;
8. 安全检查及整改记录;
9. 事故及安全分析记录等。

第四节　班组安全文化建设

班组安全文化是企业安全文化最直接的组成部分。它是通过班组成员的各种认识实践,逐步形成的安全观念和安全行为准则,对于搞好安全生产具有重要意义。

一、班组安全文化建设的主要内容

班组安全文化一般分为安全观念文化、安全行为文化、安全制度文化和安全物质文化等。

1. 建立良好的安全观念文化

（1）通过宣传教育,增强职工"安全第一"、"珍惜生命"、"预防为主"的安全观念。

（2）通过学习培训,提高职工的安全生产技术知识,熟练掌握安全生产的操作方法。

（3）通过心理疏导,克服职工"麻痹大意"、"从众"、"逆反"等不良心理。

2. 建设规范的安全行为文化

（1）开展职业道德教育,建立健康稳定的行为规范。

（2）加强精神文明教育,树立良好的安全工作习惯。

（3）经常开展检查巡查,做到生产"三不伤害"。

（4）狠抓习惯性违章,强化依法依规作业。

3. 建设可靠的安全物质文化

在这方面主要做到：

（1）严格"三同时"审查,确保新建、改建、扩建设备装置安全。

（2）加强隐患排查治理,确保现有生产装置安全运行。

（3）开展"5S"活动和清洁生产,搞好现场管理,建设一个安全舒适的物质安全文化环境。

4. 建设科学的安全制度文化

（1）根据国家有关法律法规和安全生产操作规程,建立健全以安全生产责任为核心的安全制度,其中包括岗位责任制,安全检查制,设备、工具的使用、维护制,安全教育培训制等。

(2)依据有关安全制度,明确主体责任,细化工作流程,抓好安全责任落实。

(3)加强制度管理,严格考核工作,切实使安全制度文化建设具体化、规范化和有效性。

二、班组安全文化建设的途径方法

班组安全文化建设是一个系统工程,需要在实践中不断探索。从一些企业成功的经验看,大体途径和方法主要有:

1. 要制定一个比较系统科学的班组安全文化建设的规划、计划和目标。这是开展班组安全文化建设的前提。

2. 要选配好具有良好职业道德素质和安全意识、技能及组织能力的班组长。这是搞好班组安全文化建设的关键。

3. 要建立各种行之有效的包括精神和物质在内的激励机制。这是加强班组安全文化建设的重要保障。

4. 要创新安全文化活动的模式、方法和载体建设。这是丰富班组安全文化内涵的基本要求和条件。

5. 要加强安全文化宣传教育,并与制度文化、物质文化性衔接,不断提高职工的安全文化素质和行为自觉。这是实现班组安全文化建设的根本目的。

三、班组安全文化建设的手段

班组安全文化建设的手段是班组安全文化活动的具体形式和方法,它包括传统的手段和现代的手段。

传统的手段一般有:日常的班前安全教育,专门的"三级安全教育",定期安全技术练兵和竞赛活动;实施标准化岗位和创建合格班组活动;开展安全演讲、演出和安全事故分析报告会,以及办安全展板、墙报、张贴安全标语和警句等宣传活动。

现代的手段主要有:"三爱"(爱岗、爱家、爱自己)、"三群"(群策、群力、群管)、"三防"(防尘、防毒、防烟)、"三控"(控制事故多发点、危险点、危害点)、"三自"(自查、自评、自改)活动;仿真应急模拟训练;班组安全"四查"工程;安全知识竞赛;安全心理咨询;安全科技评比;安全风险抵押和安全评价、评优以及安全卫士评比等等。

总之,班组安全文化建设源于实践,贵在创新,其根本点在于根据实际,找准班组自身有效的管理特点和方式,持之以恒的把班组安全文化建设不断推向前进。

第五节 "白国周班组管理法"主要内容

白国周在日常的生产实践中总结出了一套行之有效的班组管理方法,其主要内容可以概括为"六个三"。即:"三勤"、"三细"、"三到位"、"三不少"、"三必读"、"三提高"。

一、"三勤":勤动脑、勤汇报、勤沟通

勤动脑:对作业现场情况,勤于分析思考,总结其中的规律,寻找解决问题的办法,以便在出现问题时,能够迅速处理,避免事态的进一步发展。

勤汇报:对生产过程中发现的隐患和问题,及时向领导汇报,以便领导及时了解情况,迅速采取应对处置办法。

勤沟通:经常与队领导沟通,了解队里的措施要求;与上一班和下一班的班长沟通,了解施工进度和施工过程中出现的问题;与工友沟通,了解掌握工友工作和生活情况,及时化解可能对生产安全构成危险的因素。

二、"三细":心细、安排工作细、抓工程质量细

心细:从召开班前会开始,针对当班出勤状况,分析各岗位人员配置,做到心中有数,尤其是一些特殊岗位,班前会上仔细观察这些岗位人员的精神状态。

安排工作细:认真考虑什么性格的人适合干什么性质的工作,量才使用,发挥长处,提高效率,减少个人因素可能带来的隐患。

抓工程质量细:严格按照施工要求、操作规程和安全技术措施施工,严把工程质量关。

三、"三到位"：布置工作到位、检查工作到位、处理隐患到位

布置工作到位：班前布置工作详细、清楚,工作任务、安全措施等向工友交代明白,哪个地方有上一班遗留的问题,提请工友注意,及时解决。

检查工作到位：对自己所管的范围,不厌其烦地巡回检查,每个环节、每个设施设备都及时检查,不放过任何一个隐患点。

处理隐患到位：无论到哪个地方,发现隐患和问题,能处理的及时处理掉,当时处理不了的,在明显处用粉笔写下隐患情况,指令有关人员处理。

四、"三不少"：班前检查不能少、班中排查不能少、班后复查不能少

班前检查不能少：接班前对工作环境及各个环节、设备依次认真检查,排查现场隐患,确认上一班遗留问题,指定专人整改。

班中排查不能少：坚持每班对各个工作点进行巡回排查,重点排查在岗职工精神状况、班前隐患整改情况和生产过程中的动态隐患。

班后复查不能少：当班结束后,对安排的工作进行详细复查,重点复查工程质量和隐患整改情况,发现问题及时处理,处理不了的现场交接清楚,并及时汇报。

五、"三必谈"：发现情绪不正常的人必谈、对受到批评的人必谈、每月必须召开一次谈心会

发现情绪不正常的人必谈：注重观察工友在工作中的思想情绪,发现有情绪不正常、心情急躁、精力不集中或神情恍惚等情况的工友,及时谈心交流,弄清原因,因势利导,消除急躁和消极情绪,使其保持良好心态投入工作,提高安全生产注意力。

对受到批评的人必谈：对受到批评或处罚的人,单独与其谈心,讲明原因,消除抵触情绪。

每月召开一次谈心会：每月至少召开一次谈心会,组织工友聚在一起,谈安全工作经验,反思存在的问题和不足,互帮互学,共同提高。

六、"三提高":提高安全意识、提高岗位技能、提高团队凝聚力和战斗力

提高安全意识:引导职工牢固树立"安全第一"理念,通过各种方式教导工友时刻绷紧安全这根弦,时刻把安全放在心上,坚决做到不安全绝不生产。

提高岗位技能:经常和工友一起学习、研究工种的工作原理和操作技术,提高安全操作技能。经常组织工友针对生产和现场管理中出现的问题一起讨论,共同寻找解决问题办法,着力提高班组每一名工友的综合素质。

提高团队凝聚力和战斗力:想方设法调动每一位工友的积极性,不让一名班组成员掉队,争取使大家都学会本事。针对职工存在的一些不文明现象,要求大家做文明人、行文明事。工友偶犯错误,不乱发脾气,而是因人施教,耐心指出问题根源,大伙儿一起帮助改正。

第六节 安全色与视觉管理

一、安全色的含义

安全色有红色、蓝色、黄色和绿色共4种,其具体含义见表2-2:

表2-2 安全色含义及用途举例

颜色	含义	用途举例
红色	禁止,停止	机器、车辆上的紧急停止手柄或按钮,以及禁止人们触动的部位等; 红色也表示防火
蓝色	指令,必须遵守的规定	必须佩戴防护用具,道路上指引车辆和行人行驶方向的指令等
黄色	警告,注意	作业现场危险岗位、危险设备或坑、池周围需引起注意的警戒线,行车道中线,安全帽等
绿色	安全,通行	车间内的安全通道,行人和车辆通行标志,设备安全防护装备的位置等

注:(1) 蓝色只有与几何图形同时使用时,才表示指令。
(2) 为了不与道路两旁的绿色行道树相混淆,道路上的提示标志用蓝色。

二、对比色的使用

使用对比色是为了使安全色更加醒目。对比色一般有以下四种：红、白相间色，蓝、白相间色，黄、黑相间色，绿、白相间色。

黑色：安全标志的文字、图形、符号和警告标志的几何图形用黑色。

白色：安全标志中的文字、图形、符号和背景色，以及安全通道、交通道路的标线用白色。标志线、安全线的宽度不小于 60 mm。

红色与白色：这类条纹比单独使用红色更为醒目，它表示禁止通行、禁止跨越，用于机器设备和厂内交通等地方的防护栏及隔离墩。

黄色与黑色：这类条纹它表示特别注意，用于吊钩、平板拖车排障器、低管道等位置。

蓝色与白色：它用于指示方向，也表示必须遵守规定的信息。

绿色与白色：与提示标志牌同时使用，更为醒目地提示人们。

三、安全标志

由安全色、几何图形和图形符号构成的，用以表达特定安全信息的标记称为安全标志。安全标志的作用是引起人们对不安全因素的注意，预防发生事故。安全标志分为禁止标志、警告标志、指令标志、提示标志和补充标志五类。

1. 禁止标志。主要用来表示不准或制止人们的某些行为，如禁放易燃物、禁止吸烟、禁止通行、禁止攀登、禁止烟火、禁止跨越、禁止启动、禁止用水灭火等。禁止标志的几何图形是带斜杠的圆环，斜杠与圆环相连用红色，图形符号用黑色，背景用白色。

2. 警告标志。用来警告人们可能发生的危险，如注意安全、当心火灾、当心高温表面、当心落物、当心吊物、当心车辆等。警告标志的几何图形是黑色的正三角形，黑色符号，黄色背景。

3. 指令标志。用来表示必须遵守的命令，如必须戴安全帽、必须系安全带、必须穿防护鞋、必须戴防护眼镜、必须戴防护手套、必须穿防护服等。命令标志的几何图形,蓝色背景,白色图形符号。

4. 提示标志。用来示意目标的方向,标志的几何图形是方形,绿、红色背景,白色图形符号及文字。绿色背景的有安全通道、太平门、紧急出口、避险处、安全楼梯等。红色背景的有火警电话、地下消火栓、消防水泵结合器、消防警铃等。

5. 补充标志。对前述四种标志的补充说明,以防误解。

四、现场视觉管理

现场作业的视觉化管理,就是提示和警示风险、故障或隐患,将危险的事、物予以"显露化",刺激人的"视觉",提醒人们注意安全,唤起人们的安全意识,防止事故或灾难的发生。

现场视觉管理分为三个级别:

1. 初级水准——能够明白现在的管理状态。
2. 中级水准——除了明白现在的管理状态外,谁都能够判断管理状态是否处于正常情况。
3. 高级水准——除了明白现在的管理状态,谁都能够判断管理状态是否处于正常外,还要列明异常处置的管理方法。

现场作业视觉管理的实施可以先易后难,先从初级水准开始,逐步上升到高级水准。

第七节 岗位作业安全标准化的管理

岗位作业标准是以现场安全生产、技术活动的全过程及其要素为主要内容,制定作业程序,贯彻国家标准、行业标准的一种有组织的标准化工作。

通常是将现行作业的方法、操作程序、操作规范进行分解,以工程技术、规章制度和实践经验为依据,改善、优化作业过程,从而形成一种作业标准,达到安全、准确、高效的效果。所以,标准化作业是防止事故发生,确保安全生产的根本保障。

一、班组推行岗位作业安全标准化的意义

1. 能够有效地控制人的不安全行为,从源头防止事故发生。

人的不安全行为是导致事故发生的直接因素之一。人的不安全行为主要包括以下三种情况。

(1)作业人员虽然知道正确的操作方法,但因偷懒而省略了一些必要的操作步骤。

(2)作业人员不知道正确的操作方法。

(3)违反操作规程,按照自己的习惯操作。

岗位作业标准是班组安全管理的有力保障措施。只要作业人员严格执行标准操作程序和步骤,规范作业行为,就可以有效地控制和约束人的不安全行为,把发生事故的可能性降到最低限度。

2. 岗位作业标准为现场工作检查提供了依据。

岗位作业标准不仅是操作人员在操作过程中的主要依据,也是安全检查的依据。

二、岗位作业安全标准化的作用

1. 岗位作业标准是改善各项工作的基础。

没有标准,就不可能进行改善。制定出一整套作业标准后,并不意味着工作的结束。作业标准持续改善是没有止境的。现场发现不了问题就是最大的问题,作业标准必须随着生产实际的变化,研究新的问题,不断加以优化和改善。

2. 能够保持作业流程顺利进行。

在一切的作业活动中,正确的作业流程是关键。如果操作人员不按照规定进行操作,就可能会出现危险。因此,只有推行岗位作业标准,规范人的行为,才能保证作业流程的顺利进行。

3. 能及时发现异常情况,完善作业标准。

班组长要关注和检查作业标准的执行情况,如果发现异常,应该查找原因,采取恰当的措施处置;然后和组员一起,进行修订和完善,提请主管部门审定,并将修订的内容公布于众,遵照执行。

三、制定岗位作业安全标准化的注意事项

1. 制定作业标准要成立编制小组。编制小组应该包括管理人员、技术人员和具有丰富实践经验的操作人员。

2. 制定现场作业标准要明确规定作业的程序、操作的方法、执行的标准、操作的阶段、目的和完成操作后的实际情况等,在这些方面都要作出清晰、具体的规定。

制定作业标准应具备以下五个要点:

（1）目标要明确。

（2）一定要准确、具体,避免抽象。

（3）要显示出过程和结果。

（4）具有可操作性。

（5）适时修订。

3. 如果出现下列情况时,应该及时进行修订。

（1）作业标准所依据的相关条件发生了变化。例如:设备、设施、工具或测量装置已经改变;国家颁布出台了新的法律、法规、标准、规范;企业采用了新工艺、新技术、新设备、新材料等带来的变化。

（2）所用的标准已经难以执行现行的任务。

（3）在作业标准执行的过程中如果发现了新的问题,必须要改变作业内容或程序。

4. 科学、合理地制定作业标准,尽可能地使操作程序简单化、专业化,尽量减少使用工具、夹具的次数,以减轻作业人员的精神和体力负担。

5. 制定作业标准一定要符合人机工程学的要求,要根据人的身体运动特点和规律对作业场地的布置、使用工具、设备等进行合理地安排。

四、推行岗位作业安全标准化应注意的事项

1. 推行岗位作业标准,需要对作业人员进行培训和教育。

2. 加强现场巡检和指导。

3. 要建立奖惩机制。

第八节　班组安全活动

一、安全活动的形式

1. 班前会

（1）所有当班作业人员首尾相接，站成一圈。

（2）健康和心理认证。班组长发现健康不良、精神疲倦或心情烦恼的员工，要了解、疏导、帮助，必要时临时调换作业。

（3）进行作业指示和危险预测。班组长根据当天的生产任务，详细、认真地向作业人员交代工作内容和生产中人、机、环境的不安全因素。班组成员讲述当天作业任务和作业过程中可能存在的危险，以及应该采取的防范措施。

（4）检查安全防护用品是否正确使用。先由班组成员自查和互查，然后由班组长检查、确认，符合要求后才可进入岗位作业。

（5）全组成员共同呼喊安全口号，提振精神。

2. 班后会

下班后应开班后小结会，做好"三评"（评任务完成情况、评工作中安全情况、评安全措施执行情况）工作，并总结经验教训。

3. "班组安全日"活动

开展"班组安全日"活动，是进行安全培训教育的主课堂，是提高班组成员安全意识的有效途径之一。活动的质量与人身安全、设备安全和检修安全密切相关。作为班组安全第一责任人的班组长，应该组织好每一次的安全活动。

（1）安全日活动要充分准备

① 活动前做好上一周安全工作的小结。指出上一周组员的表现，好的给予表扬；指出存在的问题，提醒应吸取的教训以及应采取的整改措施，落实人员、要求和完成期限。

② 班组长准备好学习资料，注意搜集事故案例。结合本班组（岗位）的实际情况，运用"举一反三"的办法引导、教育职工。

③ 平时注意对生产骨干的培养。提高他们的安全意识和安

全技能,在活动时,鼓励骨干带头发言,活跃现场气氛。

④ 对问题员工,谈体会、找原因,帮助提高认识。营造互帮互学、共同进步、共同提高的效应。

(2) 班组员工积极参与

① 如组织事故案例学习时,可先读事故经过,而后引导大家讨论分析,找出事故原因,并提出防范措施和处理意见,最后再学习案例中列出的事故原因、防范措施和处理意见。这样既可提高员工的安全知识、安全意识和主动参与的热情,又可达到让员工自己教育自己的目的。

② 在安全活动中应表扬安全生产中涌现的好人好事,可采用口头表扬、班内嘉奖和向上级请奖等方式。

(3) 安全活动要注意联系实际

① 安全活动的主题可以是公司安管部门布置的,也可以是班组长自己拟定的,还可以发动班组成员共同拟定。活动主题还可以向兄弟班组借鉴,取人之长补己之短。

② 安全活动的内容,要与本岗位的实际情况进行对照,避免安全活动与安全生产脱节现象,防止因活动形式单调而诱发员工的逆反心理。

③ "安全日"活动结束前,应留出一定时间,用来征求员工对安全工作的意见,并对相关问题给予答复(解释),以使"安全日"活动取得比较满意的效果。

4. 班组"安全月"活动

每年为期1个月的"安全月"活动,班组长要根据公司的安排,制订计划、分配任务、组织实施、检查总结。

活动形式丰富多彩,常见的有:"安全生产宣传咨询日"、"安全生产事故警示教育周"、"应急预案演练周"、"生命之歌"大合唱、"安康杯"竞赛、"落实企业安全生产主体责任知识竞赛"和"青年安全生产示范岗"活动;还可以组织观看警示教育片、安全宣誓、宣讲报告、研讨交流、文艺演出、演讲、图片展示、事故隐患大排查等。

5. 班组安全竞赛活动

安全竞赛活动的形式很多,如安全知识竞赛、百日无事故竞赛、安全操作技术表演赛、安全演讲赛等。

二、班组安全活动记录

在进行班组安全活动后,要做好记录,既便于总结报告,也为班组安全管理提供资料,见表 2-3。

表 2-3 班组安全活动记录表

活动主题	
活动形式	
活动时间	
参与人员	
活动安排	1. 2. 3. 4. 5.
活动效果	

第三章 安全常识

第一节 机械安全

一、机械伤害的危害因素

由于机械造成的伤害统称机械伤害。机械的危害因素是指机械加工设备(静止的或活动的)直接造成人体碰撞、夹击、剪切、卷入等机械伤害形式的灾害性因素。其范围如图3-1所示。

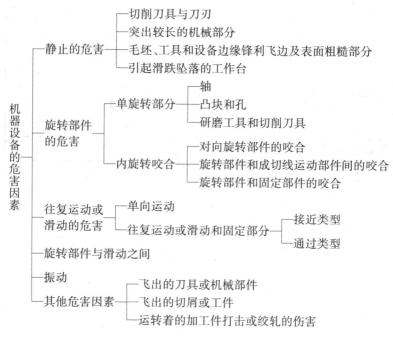

图3-1 机械伤害的危害因素

二、机械设备的危险部位

1. 旋转部件和成切线运动部件间的咬合处。如动力传输皮带和它的滑轮、链条和链轮、齿条和小齿轮等。

2. 旋转的轴。包括连接器、心轴、卡盘、丝杠、圆形心轴和杆等。

3. 旋转的凸块和孔处。含有凸块或孔洞的旋转部件是很危险的。如风扇叶、凸轮、飞轮等。

4. 对向旋转部件的咬合处。如齿轮、轧钢机、混合辊等。

5. 旋转部件和固定部件的咬合处。如辐条手轮或飞轮和机床床身、旋转搅拌机和无保护开口外壳搅拌装置等。

6. 接近类型。如锻锤的锤体、动力压力机的滑轮等。

7. 通过类型。如金属刨床的工作台及其床身、剪切机的刀刃等。

8. 单向滑动。如带锯边缘的齿、砂带磨光机的研磨颗粒、凸式运动带等。

9. 旋转部件与滑动之间的危险。如某些平板印刷机面上的机构、纺织机械等。

简而言之，机械的外露传动部件、机械执行部件、机械的电器部件等如果不加防护或防护失灵，维护保养不当以及操作过程中的违章等，都会造成人身伤害。

三、常见机械伤害事故

1. 刺割伤。操作人员接触的较为锋利的机件和工具刃口，都如同快刀一样，能对人体未加防护的部位造成伤害。

2. 物体打击。高空落物及工件或砂轮旋转时沿切线方向飞出的碎片，往复运动的冲床、剪床等，都可导致人员受到伤害。

3. 绞伤。旋转的皮带、齿轮及正在工作的转轴都可导致绞伤。

4. 烫伤。随着加工切削下来的切屑崩溅到人体的暴露部位上导致烫伤。

四、机械设备的通用安全技术措施

1. 防护罩、盖、栏应完备可靠。

2. 防止夹具、卡具松动或脱落的装置完好。如保险销、反向螺母、安全爪、锁紧块等。

3. 各种限位、联锁。操作手柄等要求灵敏可靠。包括各类行程限位装置、过载保护装置、顺序动作电气与机械联锁装置、机械与电气自锁或互锁装置、紧急制动装置、音响信号报警装置、光电自动保护装置、指示信号装置以及操作手柄挡位分明、图文标志相符等。

4. 机械的接地(接零)规范可靠。

5. 机械的照明符合要求,采用 36 V 或 24 V 安全电压。

6. 机械的电器箱、柜与线路符合要求。

7. 未加罩旋转部位的楔、销、键,原则上不允许突出。

8. 备有清除切屑的专用工具。如拉屑钩、夹屑钳、扒屑铲、毛刷等。

9. 专用措施。

(1)磨床。砂轮合格,旋转时无明显跳动。

(2)车床。加工长料时应有防弯装置。

(3)插床。应设置防止运动停止后滑枕自动落下的配重装置。

(4)锯床。锯条外露部分应采用防护罩或安全距离隔离。

(5)加工中心。加工区域周边应有固定或可调式防护装置。

(6)电火花加工机床。可燃性工作液的闪点应在 70 ℃以上,需采用浸入式加工。

五、机械设备使用

人们在长期的设备使用实践中,总结和形成了一套有效的管理措施,这对设备维护保养有着重要的作用。

1. 机器设备使用守则见表 3-1。

表 3-1 机器设备使用守则

守则		要 求
三好	管好	操作者对设备具有保管责任,未经领导同意,不许他人动用。设备的附件、仪器、仪表、工具、安全防护装置必须保持完好无损。设备运转时不得离开岗位,离开时必须停车断电;设备发生故障或事故,立即停车断电,保护现场,及时、如实地上报事故情况
	用好	严格执行操作规程,精心爱护设备,不准设备带"病"运转,禁止超负荷使用设备
	养好	操作者必须按照保养规定,定期进行清洁、润滑、调整、紧固,保持设备性能良好

续表 3-1

守则		要 求
四会	会使用	操作者要熟悉设备结构、性能、传动原理、功能范围,会正确调节速度,控制电压、电流、温度、流量、流速、压力、振幅和效率,严格执行安全操作规程,操作熟练,操作动作正确规范
	会维护	操作者要掌握设备的维护方法、维护要点,能准确、及时、正确地做好维护保养工作,做到定时、定点、定质、定量润滑,保证油路畅通
	会检查	操作者必须熟知设备开动前和使用后的检查项目内容,进行检查操作。设备运行时,应随时观察设备各部位运转情况,通过看、听、摸、嗅的感觉和机装仪表,判断设备运转状态,分析并查明异常产生的原因。会使用检查工具或检测设备,并能进行规程规定的部分解体检修工作
	会排除故障	操作者能正确分析判断一般常见故障,并可承担排除故障工作。能根据设备磨损情况,按产品工艺质量要求,进行一般零件的更换工作。排除不了的疑难故障,应及时报检、报修
四项基本要求	整齐	工具、工件放置整齐,线路管道完整
	清洁	设备清洁,环境干净,各滑动面无油污、无碰伤
	润滑	按时加油换油,油质符合要求,油壶、油枪、油杯齐全,油毡、油线、油标清洁,油路畅通
	安全	合理使用设备,精心维护、保养,及时排除故障,安全防护装置齐全
五项纪律		(1) 凭操作证使用设备,遵守安全操作规程 (2) 保持设备整洁,润滑良好 (3) 严格执行交接班制度 (4) 随机附件、工具、文件齐全 (5) 发生故障,立即排除或报告

续表 3-1

守则		要　　求
润滑 五定	定点	按规定的加油点加油
	定时	按规定的时间加油
	定质	按规定的牌号加油
	定量	按规定的油量加油
	定人	由操作者或设备润滑工加油

2. 机器设备的保养

（1）日常维护保养，要求操作工人在每班生产中必须做到：班前、班后要认真检查、擦拭机器设备的各个部位；按时按质加油；使设备经常保持清洁、润滑、良好。班中严格按操作规程使用机器设备，发生故障及时排除，并做好交接班工作。

（2）一级保养，以操作工人为主，维修工人配合，对机器设备进行局部解体和检查；清洗规定的部位；清洗滤油器、分油器及油管、油孔、油毡、油线等，达到油路畅通，油标醒目；调整各部位间隙，紧固各部位。

（3）二级保养，以维修工人为主，在操作工人参加下，对设备进行针对性局部解体检查，修复或更换磨损件，使局部恢复精度；清洗检查润滑系统，更换陈化油液；检查修理电气系统、安全装置等。

第二节　起重机械安全

一、常见起重机械事故

1. 吊具、吊重与周围物体之间发生的挤压伤害。
2. 吊具、吊重、提升设施坠落造成的伤害。
3. 起重机在安装、使用过程中倾翻、折臂、倒塌造成的伤害。
4. 起重作业时吊物、器械造成的伤害。

5. 起重机作业造成的触电事故。

二、起重作业造成伤害的主要因素

造成伤害的因素分为操作因素和设备因素。

操作因素主要有：

1. 起吊方式不当,造成脱钩或起重物摆动。
2. 违反操作规程,如超载起重,或人处于危险区工作等。
3. 指挥不当,动作不协调。

设备因素主要有：

1. 吊具失效,如吊钩、钢丝绳等物损坏而造成重物坠落。
2. 操纵系统失灵。
3. 安全装置失效。
4. 电器损坏而造成触电事故。
5. 桥式起重机出轨事故多数为啃轨现象造成。

三、起重机械的安全技术措施

1. 钢丝绳的断丝数、腐蚀(磨损)量、变形量、使用长度和固定状态符合规定。
2. 滑轮的护罩完好,转动灵活。
3. 吊钩等取物装置无裂纹、明显变形或磨损超标等缺陷,紧固装置完好。
4. 制动器工作可靠。
5. 各类行程限位、限量开关与联锁保护装置完好可靠。
6. 紧停开关、缓冲器和终端止挡器等停车保护装置使用有效。
7. 各种信号装置与照明设施符合规定。
8. 接地(零)线连接可靠,电器设备完好有效。
9. 各类防护罩、盖、栏、护板等完备可靠,安装符合要求。
10. 露天起重机的防雨罩、夹轨钳或锚定装置使用有效。
11. 安全标志与消防器材配备齐全。
12. 各类吊索具管理有序,状态完好。

四、起重机械的安全防护装置

1. 限位器(极限位置限制器)

限位器用于限制起重机整机或某一机械的运行空间,确保在允许的范围内安全作业。分为起升高度或下降深度限位器(起升机械极限位置限制器)、行程限位器(运行极限位置限位器)。

2. 起重量限制器(超载限制器)

起重量限制器主要用来防止起重量超过起重机的负载能力,以免钢丝绳断裂和起重设备损坏。常用的有杠杆式起重量限制器、弹簧和数字式起重量限制器和数字载荷控制仪。

3. 缓冲器

当起重机运行到轨道终端并与设在终端的止挡相撞时,缓冲器吸收碰撞的能量,使起重机能平稳地停车。缓冲器的种类很多,常用的有橡胶缓冲器、弹簧缓冲器和液压缓冲器。

4. 夹轨器

对于露天工作的轨道式起重机,为了防止大风吹动起重机,应在起重机上配备夹轨器。

5. 防碰撞装置

同一场所有多台起重机作业,单凭安全尺、行程限位器,或凭操作者目测等方式来防止碰撞已不能保证安全。防碰撞装置具有报警、减速、停车功能。

第三节 焊接安全

一、焊接与热切割作业的危险有害因素

在焊接与热切割作业中容易发生生产安全事故、职业中毒事故。

1. 火灾爆炸

在焊接与热切割作业中,操作者经常要与乙炔、液化石油气、有机物、压缩纯氧等易燃易爆、助燃等危险物质接触;产生的气焊火焰、电焊的电弧等则是明火;作业过程中火花四射,稍有不慎,会发生火灾、爆炸事故。

2. 触电

在进行手工电弧焊接时,接触带电体,绝缘防护不好或违反安全操作规程,容易发生触电伤亡事故,特别是在潮湿情况下或梅雨季节、夏季、狭窄的空间内焊接等更容易发生触电事故。

3. 灼烫

在焊接火焰或电弧高温的作用下,熔渣四溅、火花四射,容易造成灼烫事故,这也是焊接与热切割作业人员易发的常见事故。

4. 高处坠落

建筑施工、桥梁建造、石油化工设备安装检修时的焊接与热切割作业,容易发生高处坠落事故。

5. 物体打击

在移动、翻转工件时,在狭窄空间操作时,经常发生碰、压、挤、砸等机械性伤害事故。在较高的建筑物或设备上作业时,容易发生高处坠落、起重伤害或物体打击事故。

6. 急性中毒、窒息

在检修焊补盛装有毒物质、缺氧或有窒息性气体的容器、管道或地下隐蔽工程时,易发生急性中毒或窒息事故。

7. 焊接粉尘引起慢性中毒、尘肺病

在焊接高温作用下,焊条(药皮和焊芯)与被焊金属会剧烈地蒸发出各种金属烟气,并产生一氧化碳等有害物质。这些金属烟气在空气中被氧化、冷却、凝结而形成粉尘,吸入粉尘到一定程度,会引起慢性中毒、金属烟热病或焊工尘肺。

8. 电弧光辐射对人体的损伤

电弧光辐射会造成耀眼、炫目,甚至使视力发生变化。

电弧光辐射发出的红外线,会使眼球晶体浑浊,严重可导致白内障。

电弧光辐射产生的紫外线,会强烈地刺激和损伤眼睛、皮肤,造成电光性眼炎、电光性皮炎。

9. 中暑

在焊接作业场所,焊条烘焙、焊件预热及施焊过程中电弧释放出大量热量,特别是在高温季节,作业人员大量出汗,容易引起中暑。

10. 其他危害

如噪声、特种焊接时放射性物质等给人体健康带来一定的危害。

二、焊接与热切割作业的安全管理

1. 焊接与热切割作业人员取得特种作业操作资格证书后,方可上岗作业。

2. 对生产组织的要求。

(1)严格执行明火作业安全规定,杜绝违章指挥和违章作业现象。

(2)合理编制工艺流程和作业计划。在布置生产任务时要交待焊割作业要求和注意事项,做到"五同时"。

(3)按禁火区用火管理规定办理用火审批手续,全面落实防火防爆措施。

(4)加强现场检查,整改安全隐患。

(5)编制重大事故应急救援预案。

3. 焊割场地安全措施。

(1)焊割场地通道畅通,设备、工具、材料等堆放整齐。

(2)气焊胶管、焊接电缆等不得互相缠绕。用完的气瓶应及时移出工作场地,不得随便乱放。

(3)焊工作业面积一般不小于 4 m^2,照明度应为 50~100 lx。

(4)在作业点周围 10 m 范围内,不得存放可燃易爆物品。

(5)工作场所通风良好,不可使易燃易爆气体、有害气体及烟尘滞留。

(6)焊割过程中的登高作业、起重吊装等应有序地密切配合。

(7)在地沟、坑道、井、管道及有限空间内作业时,应先判明其中有无爆炸和中毒危险。

(8)在多点焊割作业或有其他工种混合作业时,各工位间应设防护屏。

三、焊接作业中的个人防护措施

焊接作业的个人防护措施是对头、面、眼睛、耳、呼吸道、手、身躯等方面的人身防护,主要有防尘、防毒、防噪声、防高温辐射、防放射性、防机械外伤和脏污等。

焊接作业除穿戴一般防护用品(如工作服、手套、眼镜、口罩等)外,针对特殊作业场合,还可以佩戴空气呼吸器(用于密闭容器和不易解决通风的特殊作业场所的焊接作业),防止烟尘危害。

为保护焊工眼睛不受弧光伤害,焊接时必须使用镶有特别防护镜片的面罩,并按照焊接电流的强度不同来选用不同型号的滤光镜片。

为防止焊工皮肤受电弧的伤害,焊工宜穿浅色或白色帆布工作服。同时,工作服袖口应扎紧,扣好领口,皮肤不外露。

对于焊接辅助工和焊接地点附近的其他工作人员受弧光伤害问题,工作时要注意相互配合,辅助工要戴颜色深浅适中的滤光镜。在多人作业或交叉作业场所从事电焊作业,要采取保护措施,设防护遮板,以防止电弧光刺伤焊工及其他作业人员的眼睛。

此外,注意经常清洗工作服及手套等。

四、焊接(切割)工作完成后的清理

焊、割作业中的火灾爆炸事故,有些往往发生在工程的结尾阶段,或在焊、割作业结束后。原因在于结尾阶段容易放松警惕,制定的各项安全措施没能自始至终地执行。还有因焊、割作业结束后,留下的火种没有熄灭造成的。因此,认真抓好焊、割作业后的安全检查,是焊、割作业防火防爆全过程中不可缺少的一个重要组成部分。一般情况下,应做好以下几项工作。

1. 坚持工程后期阶段的防火防爆措施。特别要注意焊、割作业已经结束,安全设施已经撤离,结果发现某一部位还需要进行一些很微小工作量的焊、割时,绝不能麻痹大意,要坚持焊、割工作量大小一个样,安全措施不落实,绝不动火焊、割。

2. 各种设备、容器进行焊接后,要及时检查质量是否达到要求,对漏焊、虚焊等毛病应立即修补好,不要等使用时发现上述质量问题,那就麻烦了。焊接过的受压设备、容器管道要经过水压或气压试验合格后,才能使用。凡是经过焊、割或加热后的容器,要待完全冷却后才能进料。

3. 焊、割作业结束后,必须及时彻底清理现场,清除遗留下来的火种。关闭电源、气源,把焊、割炬安放在安全的地方,拿出乙炔发生器内未使用完的电石,存放进电石铁桶内,排除电石污染,并把乙炔发生器冲洗干净,加好清水,待下一次使用。

4. 焊、割作业场所,往往留下不容易发现的火种,因此除了作业后要进行认真检查外,下班时要主动向保卫人员或下一班人员交代,以便加强巡逻检查。

5. 焊工所穿的衣服上班后也要彻底检查,看是否有阴燃的情况。有一些火灾往往是由焊工穿过的衣服挂在更衣室内,经几小时阴燃后而起火的。

第四节 用电安全

一、触电事故

因人体接触或接近带电体,所引起的局部受伤或死亡的现象称为触电。触电事故种类见表3-2。

表3-2 触电事故种类

分类依据	类型	含义
按人体受害的类型	电伤	是指人体的外部受伤,如电弧烧伤,与带电体接触后的皮肤红肿以及在大电流下融化而飞溅出的金属粉末对皮肤的烧伤等
	电击	是指人体的内部器官受伤。电击是由电流经过人体而引起的,人体常因电击而死亡,所以它是最危险的触电事故

续表 3-2

分类依据	类型	含 义
按引起触电事故的类型	单相触电	单相触电是指人体在地面或其他接地导体上,人体的某一部位触及一相带电体的触电事故
	两相触电	是指人体的两个部位同时触及两相带电体的触电事故
	跨步电压触电	当带电体接地有电流流入地下时,电流在接点周围土壤中产生电压降,人在接地点周围,两脚之间出现的电压,即跨步电压,因此引起的触电事故叫跨步电压触电

二、电气安全技术

1. 为了预防触电事故的发生,电工作业必须严格执行电气工作的保证安全的组织措施和技术措施,严格执行工作票制度、工作许可制度、工作监护制度和停电、验电、装接地线的规定。除上述措施外,在电气设备的设计、制造、安装、运行、检修和维护中,也应根据不同种类触电事故,实施防触电的电气安全技术要求与措施。

2. 触电事故分为直接触电和间接触电两种,应采取不同的安全措施。

(1) 防止直接触电的安全措施有:绝缘、屏护、间距、漏电保护装置、安全电压等。

(2) 防止间接触电的安全措施有:保护接地、保护接零、双重绝缘、电气隔离、等电位环境、不导电环境、漏电保护装置、安全电压等。

三、电气安全的特殊防护

1. 雷电防护

(1) 雷电的危害:雷电因其极高的冲击电压和强大电流,破坏力很大,尤以发生爆炸和火灾最为严重。

(2) 防雷措施:装设避雷针、避雷线、避雷网、避雷带是防直击雷的主要措施。

(3) 人身防雷措施。雷暴时,由于雷云直接对人体放电、雷电流入地下产生的对地电压以及二次放电都可能对人造成电击,因此,应注意必要的安全要求。

① 雷暴时,非工作必要,应尽量少在户外或野外逗留。

② 雷暴时,宜进入有宽大金属构架或有防雷设施的建筑物、汽车或船只内。

③ 在建筑物或高大树下屏蔽的街道躲避雷暴时,应离开墙壁和树干 8 m 以上。

④ 雷暴时,不可在户外打手机。

⑤ 雷暴时,还应注意关闭门窗,防止球形雷进入室内造成危害。

2. 静电防护

静电是相对静止的电荷,广泛存在于自然界中,如雷云带电、摩擦带电。人们还将静电用于喷漆、除尘、植绒、复印等生产过程。

(1) 静电的起因:摩擦起电是早已被人类发现的现象,只要两个物质之间存在着运动或摩擦,都会产生静电。例如,生产工业中的挤压、切割、搅拌、喷溅、流动和过滤以及生活中的行走、起立、穿脱衣服等都会产生静电。

(2) 静电的危害:静电在一定条件下将形成很高的电压,但其总电量不大,静电放电是静电消失的主要途径之一,在放电的过程中常伴有响声和火花。常常使生产和人身遭到危害。

① 爆炸和火灾:静电火花有可能导致火灾甚至爆炸。

② 电击:静电电击不致直接使人致命,但人体可能因电击引起坠落、摔倒等二次事故,电击还可能使工作人员精神紧张而引起操作事故。

③ 妨碍生产:静电还可能直接影响生产,降低产品质量;静电还可能引起电力、电子元件误动作等。

(3) 消除静电的方法

① 静电接地。接地是消除静电危害最简单、最基本的方法。

主要是用来消除导电体上的静电,而不宜用来消除绝缘体上的静电。

② 增湿。增湿就是提高空气的湿度,以消除静电荷的积累。有静电危险的场所,在工艺条件允许的情况下,可以安装空调设备、喷雾器或采用挂湿布条等方法,增加空气相对湿度。

③ 加抗静电添加剂。抗静电添加剂是特制的辅助剂。一般只需加入千分之几或万分之几的微量,即可显著消除生产过程中的静电。

四、手持式、移动式电气设备安全技术措施

1. 手持式电动工具和移动式电气设备的使用人,必须经过培训,学习并领会有关的安全操作规程,能熟练地使用相关工具和设备。

2. 在领用工具或设备时,应进行必要的检查,检查工具和设备的安全性能,除从外观检查判断外,必要时应查阅定期检查记录和测试记录或预防性试验报告。所有检查测试应不超周期。

(1) 手持式电动工具检查至少应包括以下项目:① 核对铭牌参数,是否符合作业需要;② 外壳、手柄有无裂痕或破损;③ 保护连线是否正确、牢固可靠;④ 电源线是否完好无损;⑤ 电源插头是否完整无损;⑥ 电源开关动作是否正常灵活,有无缺损、破裂;⑦ 机械防护装置是否完好;⑧ 工具转动(往复、冲击)是否灵活、轻快,无阻滞现象;⑨ 电气安全保护装置是否良好。

(2) 移动式电源设备(配电箱、电源箱、动力箱等)的检查至少应包括以下项目:① 核对铭牌参数,是否满足作业需要;② 箱体是否有破损、裂缝,箱门应完好,能关闭严密并锁好。装在室外应有防雨设施;③ 安装高度:箱底距离地面应大于 50 cm;④ 箱体接入接地网或接零,接地电阻不大于 4 Ω,接地线或接零线的材质、截面应符合要求;⑤ 进出电缆孔洞口是否有衬垫,并且封堵严密;⑥ 内部元器件是否完好,开关(闸刀)盖有无缺损,操作是否灵活,漏电保护器动作有无拒动或误动;⑦ 相线、中性线的布线是否符合规定,接线是否牢固,接线端子处有无放电痕迹;⑧ 各路配线负荷及相线、中性线端子标志是否清楚,熔丝是否与负载匹配。

（3）移动式电动工具在使用前电气部分至少应检查下列各项:① 设备外壳接地端子上是否已接好符合要求的接地线或接零线,多台式的接地线不许串联;② 电源线截面是否满足负荷电流需要;③ 电源开关、漏电保护器是否操作灵活、正确;④ 电源线接线盒是否完好,盒盖是否使裸露的接线柱不外露。

（4）电焊机在使用前电气部分至少应检查下列各项:① 电焊机的电源的开关、漏电保护器、电源线截面是否满足负荷载需要,开关、保护器是否操作灵活、动作正确;② 电焊机的接地线或接零线是否符合要求,是否已牢固地接在外壳的专用接地端子上;③ 焊机绕组的冷却通风口是否畅通,必要时应进行清理;④ 盘卷的焊接电缆是否已展开,焊接电缆和连接焊钳的一根应不接地不接零,另一根是否只有一点接地,是否已采取避免双重接地的措施;⑤ 电缆外绝缘应无破损,绝缘电阻大于 $1\,M\Omega$,焊钳完好,绝缘把手无破裂;⑥ 各接线盒、盖板是否完整,使盒内(盖板内)的带电接线柱不外露;⑦ 是否应安装空载断电装置,如已经装好,应检查接线是否正确并试验,确保空载断电,并在焊条接触焊件时立即启动。

五、电气防火和防爆

电气火灾和爆炸事故在火灾和爆炸事故中占有很大的比例。电气火灾和爆炸事故除可能造成人身伤亡和设备毁坏外,还可能造成较大范围内或长时间的停电,严重影响生产,因此必须做好电气防火防爆工作,防止事故的发生。

1. 电气火灾和爆炸的原因

（1）电气设备和导体过热　引起电气设备和导体过度发热的不正常运行情况大体上有五种。

① 短路　发生短路时,线路中电流增加为正常时的几倍甚至几十倍,而产生的热量又和电流的平方成正比,使温度急剧上升,大大超过允许范围。如果达到可燃物的自燃点,即引起燃烧,从而可导致火灾。

② 过载　电流通过导线,其发热温度在不超过 65℃ 时,导线

上允许连续通过的电流称安全电流。超过安全载流量叫导线过负荷,即过载。

③ 接触不良　在电源线的连接处、电源与开关、保护装置和较大电气设备连接的地方等,由于接触不良,使这个部位局部电阻过大,叫接触电阻过大。接触部分是电路中的薄弱环节,是发生过热的一个重点部位。

④ 铁芯发热　变压器、电动机等设备的铁芯,如果铁芯绝缘损坏或长时间过电压、涡流损耗和磁滞损耗将增加过热。

⑤ 散热不良　各种电气设备在设计和安装时都考虑有一定的散热或通风措施。如果这些措施受到破坏,即造成设备过热。

(2) 电火花和电弧　电火花是电极间的击穿放电现象。一般电火花的温度都很高,特别是电弧,温度可达 3 000~6 000 ℃。因此,电火花和电弧不仅能引起可燃物的燃烧,还能使金属熔化、飞溅,构成危险的火花源。在有爆炸危险的场所,电火花和电弧更是十分危险的因素。

(3) 引起空间爆炸　应当指出,电气设备本身事故一般不会出现爆炸事故。但在以下场合可能引起空间爆炸:周围空间有爆炸性混合物,在危险温度或电火花作用下引起的空间爆炸;充油设备(如多油断路器、电力变压器、电力电容器和充油套管)的绝缘油在电弧作用下分解和汽化,喷出大量油雾和可燃气体引起空间爆炸;发电机氢冷装置漏气、酸性蓄电池排出氢气等都会形成爆炸性混合物引起空间爆炸。

2. 电气防火防爆安全技术

(1) 防火防爆措施必须是综合性措施。在火灾和爆炸危险场所,一方面要防止爆炸性气体混合物的形成,或缩短爆炸性气体混合物的滞留时间,以及要消除或减少爆炸性粉尘混合物产生和积聚,使产生火灾爆炸的两个条件同时出现的可能性降到最低。另一方面还要采取消除或控制电气设备及线路产生火花、电弧或过热的防护措施。

综合性措施包括:电气设备的合理选用、电气设备的正确设置、保持电气设备正常运行、保持良好通风、装设良好的保护装置、采用耐火设施及装设良好的事故照明等技术措施。

（2）有爆炸危险的场所，选用防爆电气设备。

3. 电气灭火常识

（1）电气火灾的特点：一是着火后电气设备和线路可能是带电的，如不注意，即可能引起触电事故；二是有些电气设备（如电力变压器、多油断路器等）本身充有大量的油，可能发生喷油甚至爆炸事故。

当发现电气起火后，首先立刻切断电源。有时为了争取灭火时间，来不及断电，或因生产需要或其他原因，不许断电，则需要带电灭火。

（2）带电灭火需选择适当灭火机。

① 用于带电灭火的灭火机有：二氧化碳、四氯化碳、二氟二溴甲烷或干粉灭火机。它们的灭火剂是不导电的。

② 不宜用于带电灭火的灭火机：泡沫灭火机的灭火剂（水溶液）有一定的导电性，又对设备的绝缘有影响，不宜采用。

（3）人体与带电体之间保持必要的安全距离。用不导电灭火剂的灭火机灭火：35 kV 的灭火机与人体之间距离应大于 1 m，10 kV 的灭火机与人体之间距离应大于 0.6 m。

第五节　危险化学品安全

一、危险化学品分类及特性

化学品按其对人造成的伤害，分为一般化学品与危险化学品。一般化学品，如液压润滑油等可燃物、氮气、氩气等。按照《常用危险化学品的分类及标志》(GB 13690—1992) 和《危险货物分类和品名编号》(GB 6944—2005)，将危险化学品按其危险特性划分为 8 类。

1. 危险化学品分类

第 1 类　爆炸品

第2类　压缩气体和液化气体
    第1项　易燃气体
    第2项　不燃气体
    第3项　有毒气体
第3类　易燃液体
    第1项　低闪点液体
    第2项　中闪点液体
    第3项　高闪点液体
第4类　易燃固体、自燃物品和遇湿易燃物品
    第1项　易燃固体
    第2项　自燃物品
    第3项　遇湿易燃物品
第5类　氧化剂和有机过氧化物
    第1项　氧化剂
    第2项　有机过氧化物
第6类　毒害品和感染性物品
    第1项　毒害品
    第2项　感染性物品
第7类　放射性物品
第8类　腐蚀品
    第1项　酸性腐蚀品
    第2项　碱性腐蚀品
    第3项　其他腐蚀品

2. 危险化学品的危险特性
（1）爆炸品

爆炸品是指在外界作用下(如受热、受压、撞击等)，能发生剧烈的化学反应，瞬时产生大量的气体和热量，使周围压力急剧上升，引起爆炸，对周围环境造成破坏的物品。也包括无整体爆炸危险，但具有燃烧、抛射及较小爆炸危险的物品。

（2）压缩气体和液化气体

① 这类化学品是指压缩、液化或加压溶解的气体,并符合下述两种情况之一者:

第一种情况:临界温度低于50 ℃,或在50 ℃时,其蒸气压力大于294 kPa的压缩或液化气体。

第二种情况:温度在21.1 ℃时,气体的绝对压力大于275 kPa;或在54.4 ℃时,气体的绝对压力大于715 kPa的压缩气体;或在37.8 ℃时,气体的绝对压力大于275 kPa的液化气体或加压溶解的气体。

② 压缩气体和液化气体主要包括:氢、甲烷、乙炔、压缩硫化氢、液化石油气,供给城市生活、生产的天然气、人工煤气、重油制气等可燃气体。

③ 本类物品当受热、撞击或强烈震动时,容器内压力会急剧增大,致使容器破裂爆炸,或导致气瓶阀门松动漏气,酿成火灾或中毒事故。

④ 按其性质,本类物品可分为以下三项:

a. 易燃气体。如氢气、甲烷、乙炔、环氧乙烷等。

b. 不燃气体(包括助燃气体)。如氧气、压缩空气、氮气、二氯二氟甲烷等。

c. 有毒气体(毒性指标同第6类危险化学品)。如氯气、氨气、溴甲烷等。

（3）易燃液体

① 指闭杯试验闪点等于或低于61 ℃的液体、液体混合物或含有固体物质的液体,但不包括由于其危险性已列入其他类别的液体。

② 本类物质在常温下易挥发,其蒸气与空气混合能形成爆炸性混合物。

③ 按闪点分为以下三项:

a. 低闪点液体:闪点<－18 ℃。如汽油、丙酮、乙醚、二硫化碳等。

b. 中闪点液体:−18 ℃≤闪点<23 ℃。如石油醚、苯、甲苯、甲醇、丙烯腈等。

c. 高闪点液体:23 ℃≤闪点≤61 ℃。如煤油、二甲酯、松节油、异丁醇等。

(4) 易燃固体、自燃物品和遇湿易燃物品

本类物品易于引起和促成火灾,按其燃烧特性分为以下三项。

① 易燃固体:指燃点低,对热、撞击、摩擦敏感,易被外部火源点燃,燃烧迅速,并可能散发出有毒气体的固体。如红磷、硝化纤维素、硫磺、有涂层的铝粉、干喷漆、生松香等。

② 自燃物品:指自燃点低,在空气中易于发生氧化反应,放出热量而自行燃烧的物品。如黄磷、三乙基铝等。

③ 遇湿易燃物品:指遇水或受潮时,发生剧烈化学反应,放出大量的易燃气体和热量的物品,有些不需明火,即能燃烧或爆炸。如锂、钠、钾、锌粉、镁铝粉、碳化钙等。

(5) 氧化剂和有机过氧化物

本类物品具有强氧化性,易引起燃烧、爆炸。

① 氧化剂 指处于高氧化态,具有强氧化性,易分解并放出氧和热量的物质。包括含有过氧基的无机物,其本身不一定可燃,但能导致可燃物的燃烧;与粉末状可燃物能组成爆炸性混合物,对热、震动或摩擦较为敏感。按其危险性大小分为一级氧化剂和二级氧化剂。如过氧化氢(含量:20%~60%)、过氧化钠、过氧化钾、高氯酸钾、氯酸钾、高锰酸钾、硝酸铵、碘酸、无水三氧化铬、重铬酸钾、氧化银等。

② 有机过氧化物 指分子组成中含有过氧键的有机物,其本身易燃易爆,极易分解,对热、震动和摩擦极为敏感。如过氧化甲乙酮、过氧化环己酮、过氧化苯甲酰、过甲酸等。

(6) 毒害品

毒害品是指物质进入肌体后,累积达到一定的量,能与体液和器官组织发生生物化学作用或生物物理作用,扰乱或破坏肌体的正常生理功能,引起某些器官和系统暂时性或持久性的病理改变,

甚至危及生命的物品。

具体指标为：

① 经口：$LD_{50} \leq 500$ mg/kg（固体）；$LD_{50} \leq 2\,000$ mg/kg（液体）；

② 经皮（24 h 接触）：$LD_{50} \leq 1\,000$ mg/kg；

③ 吸入：$LC_{50} \leq 10$ mg/L（粉尘、烟雾）。

该类物品分为毒害品、感染性物品两项，其中毒害品按其毒性大小分为一级毒害品和二级毒害品。如氰化钠、砷、五氧化二砷、氯化汞、硝基苯、四乙基铅、硫酸二甲酯、硒粉、二氯甲烷、四氯化碳、三氯乙烯、苯胺等。

（7）放射性物品

具有放射线的物品称为放射性物品，如工农业、医疗、科研、地质等部门使用的钴-60、铯-137和铍钋中子源等；放射性矿砂及其浓缩物（如独居石、铀矿砂、浓缩铀等）；放射性化工制品（如夜光粉、硝酸钍等）；放射性废物、放射性药品、放射性同位素等。

（8）腐蚀品

凡是能灼伤人体组织并对金属等物品造成损坏的固体或液体，与皮肤接触4小时内出现坏死现象或温度在55℃时，对20号钢的表面均匀年腐蚀率超过6.25 mm的固体或液体。

该类物品按化学性质分为三项：酸性腐蚀品、碱性腐蚀品、其他腐蚀品。如硝酸、盐酸、硫酸、氢氟酸、溴、三氯化磷、四氯化硅、甲酸、乙酸、氢氧化钠、氢氧化钾、氧化钠、氧化钾、乙醇钠、水合肼（肼的含量≤64%）、环己胺、甲醛溶液、次氯酸钠溶液、氯化铜、汞等。

按其腐蚀性的强弱又细分为一级腐蚀品和二级腐蚀品。

二、危险化学品包装标志

危险货物包装标志是用来标明危险化学品的。这类标志为了能引起人们的特别警惕，采用特殊的颜色或黑白菱形图示，见表3-3。

表3-3 危险化学品包装标志

序号	标志类别	图形	用途
1	爆炸品标志	爆炸品 符号：黑色 底色：橙红色	用于货物外包装上，表示包装体内有爆炸品，受到高温、摩擦、冲击或其他物质接触后，即发生大量的气体和热量，引起爆炸。例如，炸药、雷管、三硝甲苯、过氧化氢等物品
2	易燃气体标志	易燃气体 符号：黑或白色 底色：正红色	用于货物外包装上，表示包装体内为容易燃烧并因冲击、受热而产生气体膨胀，有引起爆炸和燃烧危险的气体。例如，丁烷等
3	不燃气体标志	不燃气体 符号：黑或白色 底色：绿色	用于货物外包装上，表示包装体内为有爆炸危险的不燃压缩气体，易因冲击、受热而产生气体膨胀，引起爆炸。例如，液氮等

续表 3-3

序号	标志类别	图形	用途
4	有毒气体标志	有毒气体 2 符号:黑色 底色:白色	用于货物外包装上,表示包装体内为有毒气体
5	易燃液体标志	易燃液体 3 符号:黑或白色 底色:红色	用于货物外包装上,表示包装体内为易燃烧液体,燃点较低,即使不与明火接触,也会因受热、冲击或接触氧化剂而引起急剧的燃烧或爆炸。例如:汽油、甲醇、煤油、天那水等
6	易燃固体标志	易燃固体 4 符号:黑或白色 底色:红白相间的垂直宽条(红7,白6)	用于外包装上,表示包装体内为易燃性固体,燃点较低,即使不与明火接触,也会因受热、冲击或摩擦以及氧化剂接触,而引起剧烈的燃烧或爆炸危险的物品。例如,电影胶片、硫磺、赛璐珞、炭黑等

续表 3-3

序号	标志类别	图形	用途
7	自燃物品标志	自燃物品 4 符号:黑色 底色:上白下红	用于货物外包装上,表示包装体内为自燃性物质,即使不与明火接触,在适当的温度下也能发生氧化作用,放出热量,因积热达到自燃点而引起燃烧。例如,天那水、黄磷、白磷、磷化氢等
8	遇湿易燃物品标志	遇湿易燃物品 4 符号:黑或白色 底色:蓝色	用于货物外包装上,表示包装体内物品遇湿受潮能分解,产生可燃性有毒气体,放出热量,会引起燃烧或爆炸。例如,电石、金属钠等
9	氧化剂标志	氧化剂 5 符号:黑色 底色:柠檬黄	用于货物外包装上,表示包装体内为氧化剂,例如,氯酸钾、硝酸钾、硝酸等。这些物质具有强烈的氧化性能,当遇酸、潮湿、高温、摩擦、冲击或与易燃有机物和还原剂接触时即能分解,引起燃烧或爆炸

续表 3-3

序号	标志类别	图 形	用 途
10	有机过氧化物标志	有机过氧化物 5 符号:黑色 底色:柠檬黄	用于货物外包装上,表示包装体内为有机过氧化物,本身易燃、易爆、极易分解,对高温、震动、摩擦极为敏感
11	有毒品标志	有毒品 6 符号:黑色 底色:白色	用于货物外包装上,表示包装体内为有毒物品,具有较强的毒性,少量接触皮肤或侵入人体内,能引起局部刺激、中毒,甚至造成死亡。例如,氰化物、钡盐、铅盐等
12	剧毒品标志	剧毒品 6 符号:黑色 底色:白色	用于货物外包装上,表示包装体内为剧毒物品,极少量接触皮肤或侵入人体、牲畜体内,即能引起中毒,甚至死亡。例如,氰化物、砷酸盐等

续表 3-3

序号	标志类别	图形	用途
13	有害品（远离食品）标志	符号：黑色 底色：白色	用于货物外包装上，表示包装体内为有害物品，不能与食品接近。这种物品和食品的垂直、水平间隔距离至少应为 3 m
14	感染性物品标志	符号：黑色 底色：白色	用于货物外包装上，表示包装体内含有致病微生物，误吞咽、吸入或皮肤接触会损害人体的健康
15	一级放射性物品标志	符号：黑色 底色：白色，附一条红竖线	用于货物外包装上，表示包装体内为放量较小的一级放射性物品，能自发地、不断地放出 α、β、γ 等射线

续表 3-3

序号	标志类别	图 形	用 途
16	二级放射性物品标志	二级放射性物品 II 7 符号:黑色 底色:白色,附两条红竖线	用于货物外包装上,表示包装体内为放射量中等的二级放射性物品,能自发地、不断地放出 α、β、γ 等射线
17	三级放射性物品标志	三级放射性物品 III 7 符号:黑色 底色:白色,附三条红竖线	用于货物外包装上,表示包装体内为放射量很大的三级放射性物品,能自发地、不断地放出 α、β、γ 等射线
18	腐蚀品标志	腐蚀品 8 符号:上黑下白 底色:上白下黑	用于货物外包装上,表示包装体内为带腐蚀性的物品,如硫酸、盐酸、硝酸、氢氧化钾等。这些物质具有较强的腐蚀性,接触人体或物品后即产生腐蚀作用,出现破坏现象,甚至引起燃烧、爆炸,造成伤亡

三、安全技术说明书及安全标签

国务院第591号令《危险化学品安全管理条例》第十五条规定,"危险化学品生产企业应当提供与其生产的危险化学品相符的化学品安全技术说明书,并在危险化学品包装(包括外包装件)上粘贴或者拴挂与包装内危险化学品相符的化学品安全标签"。

1. 《化学品安全技术说明书》的作用

国家标准《化学品安全技术说明书编写规定》(GB 16483—2000)明确指出,《化学品安全技术说明书》(简称MSDS)为化学物质及其制品提供了有关安全、健康和环境保护方面的各种信息,并能提供有关化学品的基本知识、防护措施和应急行动等方面的资料。

化学品的用户在接收使用化学品时,要认真阅读技术说明书,了解和掌握化学品的危险性,并据以制定安全操作规程等。

2. 化学品安全标签

国家标准《化学品安全标签编写规定》(GB 15258—1999)明确指出:安全标签用文字、图形符号和编码的组合形式表示化学品所具有的危险性和安全注意事项。

3. 危险化学品使用注意事项

(1)尽量避免直接接触,不要用化学溶剂去洗手,更不要误服,特别是接触到腐蚀性化学品时,要立即用大量的清水冲洗。

(2)易燃易爆场所禁止使用明火,如果确实需动火,如进行风焊、电焊等,事先要得到批准,并做好充分的防范措施。

(3)在有易燃易爆危险的工作场所,不要穿化纤衣服或带铁钉的鞋,因为化纤衣服会产生静电,鞋钉撞击地面会产生火花。

(4)搬运危险化学品的时候应非常小心,特别是硫酸等腐蚀性物品经常用陶瓷容器盛装,搬运时若捆扎不牢固,极易发生意外。

(5)对于没有使用完的危险化学品不能随意丢弃,否则可能会引发意外事故。如往下水道倒液化气残液,则遇到火星会发生爆炸。

(6) 要按规定穿戴好防护用具,防止作业者在工作过程中受到伤害。

第六节 密闭空间作业安全

密闭空间是指与外界相对隔离,进出口受限,自然通风不良,足够容纳一人进入并从事非常规、非连续作业的有限空间。

一、常见的密闭空间

1. 封闭、半封闭设备:船舱、储罐、反应塔、冷藏车、沉箱及锅炉、压力容器、浮筒、管道、槽车等。

2. 地下密闭空间:地下管道、地下室、地下仓库、地下工事、暗沟、隧道、涵洞、地坑、矿井、废井、地窖、沼气池及化粪池、下水道、沟、井、池、建筑孔桩、地下电缆沟等。

3. 地上密闭空间:储藏室、酒槽池、发酵池、垃圾站、温室、粮仓、烟道等。

二、密闭空间的职业中毒原因

1. 空间出现缺氧(当空气中氧的浓度小于16%时,人会在几分钟内死亡)而导致窒息死亡。

2. 窒息性或刺激性气体的积存:空气中此类有害物质的浓度超过作业场所职业病危害因素接触限值,引起职业中毒。

3. 由于工作活动而引起的其他问题,如:含有过量的挥发性溶剂蒸气及其他任何含有立即威胁生命或健康(IDLH)的环境条件。

密闭空间作业中导致事故的危害因素不明显,不能很快觉察,缺乏这方面安全知识的员工往往很难事先意识到。因此,很多密闭空间作业的安全事故往往是因盲目救人而导致伤亡。

三、密闭空间作业注意事项

1. 不要轻易相信自己的感觉,不要认为没事而盲目进入密闭空间。密闭空间作业,必须办理申请审批手续。用仪器检测认为无危险,采取相应的个人防护措施后方可进入,并在外部有监护人。

2. 密闭空间作业至少要两人一组,其中一人进入密闭空间作业,另外一人守在外面,并且能够保证跟密闭空间内作业的人员相互看得见或听得见,以便发生紧急情况时能够采取适当的救护措施。

3. 为慎重起见,进入密闭空间内作业的人员要配备氧气呼吸器或防毒面具等个人防护装备,以防万一。

第七节　矿山井下及露天开采安全

一、基本概念

"矿山"一词,从自然界的形成看,是指蕴藏矿产资源的一个地方或一块地域;从经济形式看,是指从事矿产资源开采活动的法人、其他组织和个人,主要指企业;从安全生产监督管理角度看,是指依法批准的矿区范围内从事矿产资源开采活动的场所及其附属设施。

矿山的划分如下。

按业务:包括地质勘测、设计、基本建设、生产、科研、设备制造、安装、进出口等各个矿山生产工作环节。

按性质:包括国有、集体、合伙、私营、个体、股份制、三资企业等各种经济成分的企业和组织。

按开采法:包括地下开采、露天开采、井工开采(液体矿、气体矿、液化等)等方式。

按行业:包括煤炭、冶金、建材、有色、化工、轻工、石油、核工业、交通、劳改、军工等各种行业。

按矿种(见图3-2):

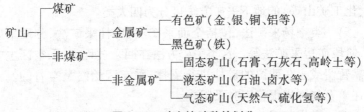

图3-2　矿山按矿种的划分

本节重点叙述非煤矿山的开采安全。

二、矿山地下开采及事故预防

1. 开采方法

在矿山地下开采过程中,有很多不安全因素,必须根据矿床的自然状况及地质构造,选用恰当的采矿方法。

采矿方法的选择有几点基本要求:

(1)确保矿床开采工作的安全和良好的劳动条件。坚持"安全第一,预防为主",是矿山开采必须遵循的重要原则。保证采矿生产过程中作业人员的安全和健康,是评价开采方法的基本要求之一。

(2)劳动生产率要高。采用高效率的采矿方法,运用先进工艺和先进技术,加强综合管理,充分调动员工的工作积极性,是提高劳动生产率的根本途径。

(3)矿石的损失、贫化要小。矿石损失是在开采过程中,由于某些原因使一部分工业储量矿石未能采出,或已采下但未能运出来丢失在井下的矿石。矿石贫化是由于地质条件和采矿技术等方面的原因,使采下来的矿石中混有废石,或者因部分有用组分溶解和散失而引起矿石品位降低的现象。矿石损失率与贫化率是检验矿山开采技术水平,衡量采矿方法的合理性及矿产资源利用能力的技术经济指标。

(4)降低采矿的矿石成本。在采矿生产中,降低劳动消耗,提高采出矿石的品位,提高劳动生产率,减少材料和动力消耗等是降低成本的几个主要途径。

根据矿石回采过程中采场管理方法的不同,金属和非金属(建材、化工矿山等)的地下采矿方法可分为四大类。

第一类空场采矿法,包括全面采矿法、房柱采矿法、分段采矿法、阶段矿房采矿法等。这类采矿方法在回采过程中,采空区主要依靠暂留或永久残留的矿柱进行支撑,采空区始终是空着的。一般在矿石与围岩很稳固时采用。

第二类崩落采矿法,主要包括壁式崩落法、分层崩落法、有底柱分段崩落法、无底柱分段崩落法、有底柱阶段崩落法等。其特点是随着矿石被采出,有计划地用崩落矿体的覆盖岩层和上下盘岩石来充填采空区,以控制采区矿山压力和处理采空区。一般在矿体围岩不稳固,地表允许陷落的条件下采用。

第三类留矿采矿法,包括浅孔留矿法、深孔留矿法两种。其特点是在回采过程中,采空区内暂时存留部分采下来的矿石,借以配合矿柱支撑采空区。一般在矿石较稳固,且不易氧化、粘结和自燃,围岩中等稳固的条件下采用。

第四类充填采矿法,包括干式充填法、水砂充填法、尾砂充填法、胶结充填法、支柱充填法等。其特点是在回采时,采空区依靠充填其内的充填料或支柱,或支柱与充填料相配合形成的人工支撑体来支撑采空区。这种方法能有效地维护采空区,对围岩的稳固性要求不高,但生产成本较高。主要用于开采矿石价值高,要求回收率高,不允许地表陷落和特殊复杂地质条件下的矿床。

2. 常见事故预防

(1) 冒顶片帮(顶板事故)

① 在采矿生产过程中,最常发生的事故就是冒顶片帮事故。发生冒顶片帮事故的原因主要有以下几个方面:

a. 采矿方法选择不合理,顶板管理方法不当。

如果采场布置方式与矿床地质条件不适应,采场阶段太高,矿块太长,顶帮暴露面积太大,时间过长,加上顶板支护、放顶时间选择不当,都容易发生冒顶事故。天井、漏斗布置在矿体上盘或切割巷道过宽都容易破坏矿体及围岩的完整,产生片帮事故。

b. 检查不周,疏忽大意。

根据冒顶伤亡事故的分析,只有极小部分的事故是由于较大型冒落引起的,大多数都属于局部冒落及浮石伤人,且多发生在爆破后 1~2 小时内。这是因为岩石受爆破的冲击和震动作用后,有一些地方发生松动和开裂,稍受震动或时间一长就要冒落,这时如果有人站在下面将被击中。所以应在放炮后加强对采场顶帮的检查和处理。在停工较长时间恢复生产时,也应加强对顶帮的检查。

c. 处理浮石操作方法不当。

由于处理浮石操作不当所引起的冒顶事故,大多数是因处理前对顶板缺乏全面、细致的检查,没有掌握浮石情况而造成的。如操作时撬前面的,后面的冒落;撬左边时,右边冒落;撬小块浮石时,引起大面积冒落等。有时因为人员的技术不熟练,处理浮石时站立位置不当,当浮石下来时无法躲避造成事故。也有些事故是由于违反操作规程,冒险空顶作业,违章回收支柱等造成的。

d. 地质情况变化,自然条件不好。

如在矿体中有小断层、裂隙、溶洞、软岩、泥夹层、破碎带、裂隙水等,都容易引起冒顶片帮,在开采中要特别注意。

e. 地压活动的影响。

有些矿山在开采后对采空区未能及时有效地处理,随着开采深度不断增加,矿山的生产区域不同程度地受到采空区地压活动的影响,容易导致井下采场和巷道发生大面积冒顶片帮。

② 预防冒顶片帮事故的措施主要有:

a. 根据矿床的地质条件,合理地选择采矿方法与采场布置。天井、漏斗等应布置在矿床的下盘,避免破坏上盘,造成片帮。阶段高度一般为 40~60 m,在矿岩稳固性差的矿床中采用矮中段,高度不超过 30 m。矿块长度一般为 40~60 m,条件不好时缩短到 30 m 以内。开采时,要按采掘顺序,从上而下,由远而近,有计划地开采,要尽量减少顶板暴露时间,加快采矿速度,缩短一个采场的回采周期。另外,要建立正常的生产秩序和作业制度,制定具体的安全技术操作规程,加强安全技术培训,提高职工的技术素质。

b. 掌握顶帮岩石的变化情况,加强顶板管理。一个采场中的矿岩由于受到地质构造作用的破坏,矿岩的稳定性亦有所不同,所以,应根据已掌握的地质资料,加强现场顶帮管理。同时要对采场矿岩情况经常进行检查,及时掌握其变化情况,根据不同情况,采取相应的预防措施。当矿岩松软时,应及时采取支护措施,避免人员在空顶情况下作业;当发现有大面积冒顶危险时,应撤出采场人员,加强对采空区的观测。

c. 加强对顶帮松动岩石的检查与处理。在采场和附近巷道爆破后,应对采场顶帮的松动岩石做细致的检查,撬去易冒落的松动的岩石。检查时要由外往里进行,人站在安全的地方,用尖头长钎子或带矛头的竹杆撬松动岩石。检查处理完毕后,再通知其他工作人员进行采场作业。在平时接班后进入采场时,也应首先进行顶帮的检查。

d. 注意顶板观测,及时处理采空区。在采空区发生大面积冒顶之前,由于压力的增大,顶板岩石开始下沉,使支架开始发出断裂声,而后逐渐折断。与此同时,还能听到顶板岩石发出"啪"、"啪"的破裂声。在冒顶前几秒钟,可以发现顶板掉落小碎石块,涌水、淋水也渐渐增大,然后便发生冒落。这些预兆如果观测到,并及时撤出作业人员,就可避免人身伤亡事故。观测的方法有木楔法、标记法、信号柱法等。木楔法是在顶板裂缝中打入一块小木楔,如果顶板变形,裂缝增大,小木楔将自动脱落或松动,说明有危险。标记法是将黄泥、油漆、水泥砂浆等抹在顶板裂缝上,如果顶板变形,裂缝增大,标记就能够反映出来。

及时处理采空区,是预防地压灾害、防止大冒顶事故的重要措施,矿山企业应该制订切实可行的采空区处理方案并加以实施。

e. 掌握合理凿岩爆破技术。爆破参数选用得当,可避免放大炮崩倒支架,引起冒顶片帮事故。

(2) 采场塌陷事故

① 采用留矿法采矿时常发生这类事故,主要是留矿堆中形成空洞造成的,主要有如下原因:

a. 矿体倾角或厚度有突变现象,在回采过程中没有相应地削下一部分下盘围岩,致使放矿时矿石不能顺利地向下流动。

b. 矿体上盘围岩节理发育,断层构造较多,因而在回采和放矿过程中围岩发生大块片帮,以致阻碍放矿,形成空洞。

c. 落矿后大块矿石潜埋于留矿堆内,平场工程中二次破碎工作不充分,以致留矿堆中大块矿石较多,矿房内局部发生堵塞而形成空洞。

d. 漏斗间距太大,放矿阻力随之加大,影响放矿。

e. 粉矿多,矿石的湿度大,或矿石中含有硫化物,氧化后易粘结;矿体中央有黏土层等,容易造成矿石结块、结拱而形成空洞。

f. 回采进度太慢,或者长期停采、长期没有放矿,也容易导致矿石结块,形成空洞。

② 防止留矿堆内形成空洞有以下措施:

a. 回采前探明矿体倾角及厚度的变化情况,结合具体情况确定开采宽度以及在回采过程中应切掉下盘的围岩,避免矿房下盘倾角以及歼采宽度突变现象,为顺利放矿创造良好的条件。

b. 正确选择爆破参数,减少爆破后产生大块矿石和粉矿,尽可能保持上盘围岩不被破坏。

c. 局部不稳固的矿体留不规则矿柱,防止大块片帮。

d. 平整采场时,应仔细进行大块矿石的二次破碎工作。

e. 当留矿堆中粉矿较多,矿石湿度大或含有黏土夹层、较多硫化物(黄铁矿、黄铜矿等)时,应预先确定采用尽可能小的漏斗间距,且要注意经常而均匀地进行放矿。

③ 在放矿过程中,要仔细观察各漏斗矿石堆表面的下降情况是否与放矿量相适应,以便及时发现并设法防止矿堆中形成空洞。观察人员站在天井两侧的联络道内,放矿时,采场内若发现留矿堆内形成空洞,必须及时加以处理,否则将有可能严重危及生产安全。常用的处理方法如下:

a. 自空洞的两侧漏斗放矿,破坏空洞周围矿石的平衡,使悬空的矿石掉落。

b. 用较大的爆药包在空洞的位置上爆破,震落悬空的矿石。该方法适用于处理拱形空洞。

c. 使用土火箭爆破法消除悬拱。

d. 用高压水冲洗因粉矿多而引起结拱所形成的空洞。处理方法可以自漏斗内向上用高压水冲刷矿石悬拱处,或者自空洞上部的留矿堆向下进行冲刷。

e. 禁止人员进入溜矿井或漏斗内处理堵塞。

3. 高处坠落事故

采矿作业过程中,人员进出采场或提放物料都必须经过天井,如果天井支架架设不牢,梯子没有固定,梯子间没有防护栏杆,或进入采场的踏板不稳,天井的扒钉把手不牢靠等,在人员频繁进出、上下时就有可能造成坠落事故。

预防措施:

(1) 天井必须根据岩石稳定情况架设牢靠的支架。岩石稳定时可用横撑支柱;岩石不稳定时必须用方框支架;有片帮危险时须留矿柱。

(2) 天井内行人梯子、扶手要牢靠,并经常检查,每距 3~4 m 应搭一平台。梯子间与提升间之间应有隔板。天井高度不大时,单纯用扒钉(蚂蟥钉)作把手,须另设一根牢靠的保险绳以防不测。

(3) 天井上部井口附近要有明显的标志和照明,井口边应留有 1 m 左右宽的行人道和栏杆。不使用的井口应用木板封闭,防止行人坠落。

4. 物体打击事故

物体打击事故主要发生在工作面下部、天井、溜矿井下部和放矿漏斗附近。主要原因是上部工作人员疏忽大意,使大块矿石或打眼时震下的岩石滚落打中下部作业人员;爬在天井上部的人员不慎将携带物体坠落,击中下面的人员;漏斗放矿时,有人在漏斗下走过,被飞落下的矿石击中等。

预防措施:

(1) 任何人不准正对漏斗作业,任何人不准在放矿过程中从漏斗前通过、停留。漏斗不能放空敞开,存矿高度必须超过漏斗压梁。

(2) 天井上口及天井内有人作业时,下口应有人警戒,禁止人员通过。上层作业人员不得掉下任何物体,以免砸伤下层作业人员。

(3) 天井上口不应堆积易滚落的物体,搬运物料后,井口要及时清理干净。

(4) 在工作面上部撬大块石头时,须通知下部人员躲避,撬石者要靠帮站立,防止石头滚落伤人。

(5) 工作面凿炮眼前,需先检查、清理顶帮的松动岩石(浮石),防止凿岩震落浮石伤人。为防止深孔向上凿岩时断钎或换钎杆时,钎杆滑落伤人,必须使用夹钎器。没有夹钎器而用撬棍往孔内插钎杆时,任何人不得站在深孔正对的位置上。

5. 爆破事故

采场爆破事故主要有早爆、爆炸冲击波及震动波伤人或震动时落石伤人、哑炮处理不当、炮烟中毒等。

预防措施主要有:

(1) 起爆药包由专人加工并放在安全地点。电石灯等有火焰及高温的物体不能放在起爆器材附近。装药时电雷管脚线不能生拉硬拽,要轻轻理开。火雷管的导火线长度要适当,必须保证点炮人员能安全撤离。装药包时不能用炮棍猛烈冲击,在起爆药包后边要垫药包,然后才能装充填物。

(2) 起爆前,作业人员必须全部撤离危险地点。放炮后要加强通风和洒水,以吹散炮烟和降低粉尘,防止炮烟中毒及其他职业伤害。

(3) 在进行二次破碎爆破时,要有专人警戒,导火线要有一定长度。一次点燃炮数一般在 5 个以下,最好采用一次点火技术。当炮响次数与点燃炮数不符时,要在炮响后 15 分钟再到现场检查。在电耙道放炮时,要通知漏斗放矿人员,以免震伤和迷眼事故的发生。放矿人员不要在漏斗放空时往漏斗里张望,以防上面放炮而下面碰伤或迷眼。

(4) 爆破后发现瞎炮(哑炮)要按有关规定进行处理。当班处理不完时,要在现场向下一班作业人员交待清楚。

6. 溜矿井、放矿漏斗卡矿事故处理

溜井卡矿时,不准从下面爬上去处理,应采用以下方法:

(1) 卡在溜井上部 10 m 以内,可用打入钢管,装药爆破的方法处理。

（2）用矿用火箭弹处理。

（3）在情况了解清楚后,向卡矿部分打深孔,孔底装药爆破。为防止溜井卡矿,要保证溜井的坡度,不要拐死弯。溜井使用前,必须将溜井中一切杂物清理干净。溜井上部作业人员不要让废旧的木材、钢管、铁轨等杂物,以及大块矿石放进溜井。

在放矿漏斗发生卡矿时,可用撬棍从漏斗中向上撬,撬的时候,人要靠帮站在一边。撬不下来时,可用爆破震动法处理。爆破时,装药量要尽量少些,爆破前人要撤至安全地点,并放好警戒。

三、矿山露天开采及事故预防

矿山露天开采就是从地表直接采出有用矿物的矿床开采方法,露天开采而形成的各种矿山坑道的总体称为露天矿场,用露天开采法开采矿床的矿山企业称露天矿。

1. 矿山露天开采

露天开采安全有许多安全参数,其中台阶高度、台阶坡面角和最终坡面角最为常用。

（1）台阶高度的确定

合理的台阶高度对露天开采的技术经济指标和作业安全都具有重要的意义,它也是确定开采境界之前必须进行的一项工作。

确定台阶高度时,一般应考虑下列因素:

① 矿岩岩性和埋藏条件

岩石的性质决定岩石的稳定性。一般情况下,对于稳固的矿岩石台阶高度可大一些,对于断层、裂隙较不稳定矿岩,高度应低一些。

矿岩的埋藏条件,主要是矿体的厚度、产状及岩石的均质性。在确定高度时应尽可能使采矿和剥离台阶的上下盘标高与矿岩的接触线一致,以利于采剥和减少矿石的贫化与损失。

② 穿爆工作的要求

台阶高度的增加能提高一次爆破效率,但往往增加了不合格的大块和根底,使挖掘机的生产能力降低,增加了二次爆破量。另外,台阶的高度还必须保证人员和设备的工作安全。

③ 采掘工作的要求

采掘工作的要求是影响台阶高度的最主要的因素,机械化开采时台阶较高,人工开采时台阶较低,见表 3-4。

表 3-4 合理的台阶高度

矿岩性质	采掘作业方式		台阶高度
松软的岩土	机械铲装	不爆破	不大于机械的最大挖掘高度
坚硬稳固的矿岩		爆破	不大于机械最大挖掘高度 1.2 倍
砂状的矿岩	人工开采		不大于 1.8 m
松软的矿岩			不大于 3 m
坚硬稳固的矿岩			不大于 6 m

(2) 台阶坡面角和最终边坡角

坡面角的大小直接影响着剥岩工程量和开拓工程量。正确地确定坡面角是保证露天矿边帮稳定的必要条件。

影响台阶坡面角的因素很多,主要有岩石性质、穿孔爆破方式、推进方向、矿岩层理方向和节理发育情况等因素。最终边坡角与岩石性质、地质构造、水文地质条件、开采深度、边坡存在期限等因素有关。由于这些因素十分复杂,对其内在规律性的了解尚在深入研究过程中。故目前在确定坡面角时,仍要参照类似矿山的实际数据进行选取,见表 3-5。

表 3-5 露天矿坡面角

岩石硬度系数	开采深度 最终边坡角				台阶坡面角
	90 m 以内	180 m 以内	240 m 以内	300 m 以内	
15~20	60°~80°	57°~65°	53°~60°	48°~54°	75°~80°
8~14	50°~60°	48°~57°	45°~53°	42°~48°	65°~75°
3~7	43°~50°	41°~48°	39°~45°	36°~42°	60°~65°
1~2	30°~43°	28°~41	26°~39°	24°~36°	48°~60°

2. 露天矿场的边坡管理

露天矿开采,打破了边坡岩体内原岩应力的平衡,出现了次生应力场。在次生应力场以及其他因素的影响下,可能发生塌方和滑坡。促使次生应力场对边坡破坏的主要因素有:

(1) 岩石物理力学性质:如岩石硬度、凝聚力和内摩擦角等。

(2) 地质构造:主要由节理、断层、破碎带等形成的弱面。

(3) 水文地质条件的影响:主要是地下水的静水压力和动水压力以及地下水活动等对岩石稳定性的影响。

(4) 开采技术条件的影响:主要有开采程序、推进方向、边坡形式和穿爆工艺等。

边坡安全的技术措施:贯彻"采剥并举,剥离先行"的原则;控制合理的开采高度,高度超过 20 m 的采场必须实行分层台阶开采;选用合理的开采顺序和推进方向,一般要从上到下逐个台阶开采,禁止"掏采";合理确定边坡的形式和角度;合理进行爆破作业,以减少爆破震动对边坡的影响。

边坡安全的管理措施:应选派有经验的专人负责边坡管理工作,及时消除事故隐患;应对采场经常进行全面检查,当发现台阶坡面有裂隙可能塌落或有浮石和伞檐体在上部时,必须迅速处理;岩层高于 20 m 时必须实行分层开采,从上而下逐台阶开采,开采坡度不得大于 70°;有条件的矿山要设立专门观测点,对露天矿场的边坡变化情况进行定期观测;爆破作业结束后要及时清除浮石。

3. 露天爆破作业的安全要求

(1) 一般要求

① 露天爆破需设人工掩体时,掩体应设在冲击波危险范围之外,其结构必须坚固严密,位置和方向应能防止飞石和炮烟的危害。

通往人工掩体的道路不得有任何障碍物。

② 露天爆破后,须经安全人员认真检查工作面安全情况,确认爆破地点安全,才准恢复作业。

③ 雷雨季节宜采用非电起爆法。

④ 在爆破危险区域内有两个以上的单位(作业组)进行露天爆破作业时,必须统一指挥。

⑤ 同一区段的二次爆破,应采用一次点火或远距离起爆。

(2) 裸露药包与浅孔爆破

① 裸露药包爆破必须保证先爆的药包不致破坏其他药包,如不能达到此要求,则只准用齐发起爆。禁止用石块覆盖药包。

② 一般情况下不宜将炸药包插入石缝中进行爆破,特殊情况下可以例外,但必须采取可靠的安全措施,并经爆破工作领导人批准。

③ 同时起爆或毫秒延期起爆的裸露爆破装药量(包括同时使用的导爆索装药量)不应超过 20 kg。

④ 浅孔爆破应形成台阶,并应符合爆破说明书有关钻眼、装药、填塞、起爆顺序等项规定。

⑤ 采用导火线起爆或分段雷管起爆,炮孔间距应保证其中一个炮孔爆破时不致破坏相邻的炮孔。

⑥ 装填的炮孔数量,应以一次爆破为限。

⑦ 采用导火线点起爆,应不少于二人进行爆破作业。

⑧ 如无盲炮,从最后一响算起,经 5 分钟后才准进入爆破地点检查,若不能确认有无盲炮,应经 15 分钟后才能允许进入爆区检查。

(3) 深孔爆破

① 深孔爆破,应有爆破技术人员在现场进行技术指导和监督。

② 深孔周围(半径 0.5 m 范围内)的碎石、杂物应清除干净,孔口岩石不稳固者,应进行维护。

③ 深孔爆破必须采用电力、导爆管或导爆线起爆法。

④ 填塞时,不得将雷管脚线、导爆管或导爆线拉得过紧。

⑤ 禁止用炮棍撞击阻塞在深孔内的起爆药包。

(4) 爆破安全距离

各种爆破、爆破器材销毁以及爆破器材仓库意外爆炸时,爆炸源与人员和其他保护对象之间的安全距离,应按各种爆破效应(地震、冲击波、个别飞散物等)分别核定并取最大值。

有关爆破地震、冲击波的安全距离应按《爆破安全规程》规定进行计算确定。

药包爆破作用指数 $n<3$ 的爆破作业,对人和其他被保护对象的防护,应首先核定个别飞散物和地震安全距离。当需要考虑对空气冲击波的防护时,其安全距离由设计确定。

露天爆破(抛掷爆破除外)时,个别飞散物对人员的安全距离详见《爆破安全规程》的规定,其中,与矿山企业情况有关的安全距离规定如下:

① 破碎大块矿石(即二次破碎):裸露药包爆破法不小于 400 m;浅孔爆破法不小于 300 m。

② 浅孔爆破不小于 200 m。当地质条件复杂或未形成台阶工作面时不小于 300 m。

③ 浅孔药壶爆破不小于 300 m。

④ 深孔爆破不小于 200 m。

地下爆破时,对人员和其他保护对象的空气冲击波安全距离由设计确定,地下大爆破的空气冲击波安全距离应邀请专家研究确定,并经单位总工程师批准。

⑤ 沿山坡爆破时,下坡方向的飞石安全距离应增大 50%。

4. 常见事故预防

露天采场中常见的主要的人身伤亡事故有坍塌、爆破、高处坠落、滑坡等。

(1) 坍塌

露天采场边帮的滑坡、工作台阶或非工作台阶的垮塌及台阶上部浮石的冒落等,统称为坍塌。

在乡镇露天矿山中,坍塌造成的人身伤亡事故占事故总数的一半以上。

造成坍塌的原因很多,主要有以下四个方面:

① 采场顶部地表土和风化层的垮塌。这是由于剥离与采矿

失调所造成,只要按要求超前剥离,事故即可避免。

② 台阶侧面浮石的冒落。这是由于台阶过高,爆破后产生的浮石难以观察到,未加以清理。一些裂隙随着时间的推移而扩展,也因台阶过高而难以发现。

现在的乡镇露天矿山普遍存在高台阶现象,十几米甚至几十米的高台阶各地都有,台阶不降到规定的高度,这种事故是难以避免的。

③ 岩体内部节理裂隙发育,加上地表水和地下水润滑作用,易引起台阶整个阶段的坍塌。这需要根据实际情况,减小台阶高度和台阶坡面角,才能避免事故。

④ 边帮角过大。边帮角过大所带来的危害是最大的,它可以引起整个阶段甚至几个阶段的大滑坡,能够毁灭矿山,造成难以估量的损失。

对有坍塌危险的地段,《乡镇露天矿场安全生产规定》规定:采剥工作面有浮石时,必须及时妥善处理。如未处理,不得在浮石危险区从事其他任何作业,并需制作醒目危险标志。禁止任何人员在边坡底部休息和停留。

作业前,必须对工作面进行安全检查,清除危石和其他危险物体。作业中,应随时观测检查,当发现工作面有裂隙可能塌落或有大块浮石及伞檐体悬在上部时,必须迅速处理。处理中要有可靠的安全措施,受其威胁地段的人员和设备应撤至安全地点。

每个矿场必须指派专人负责边帮管理。边帮管理人员发现边帮有塌滑征兆时,有权下令停止采剥作业,撤出人员和设备,事后须及时向矿场负责人报告。对有潜在危险的边坡,要建立观测预报制度。任何进入作业现场的人,都必须佩戴安全帽。

(2) 爆破

凡与火工品爆炸有关的事故,称为火药爆炸事故;在使用火工品破碎矿岩的过程中发生的事故,称为爆破事故。

露天矿山的人身伤亡事故中,爆破事故占第三位,因此必须加强爆破管理。

① 盲炮

盲炮(即瞎炮、误炮)是指由于雷管瞎火而拒爆的炮孔或药室。

导火索、火雷管起爆产生盲炮的原因主要有:

导火索、火雷管生产中有缺陷,如断、细药导火索,火雷管加强帽堵塞等;导火索、火雷管运输保管不善,使其受潮变质;起爆雷管加工不好,造成雷管瞎火;装药充填时不谨慎,使导火索受损或与雷管拉脱;点炮时漏点,带炮或点火次序错误。

电力起爆产生盲炮的原因主要有:

雷管本身有弊病造成盲炮,如焊接质量不好,有"杂散"电阻,主装药"压死"、引火头与桥丝脱离、延期导火索未引燃起爆药等;运输、保管不善造成雷管变质;同网路中,采用不同厂家、不同批号及不同结构性能的雷管;网路电阻配置不平衡或雷管电阻差过大,导致电流不平衡,使每个雷管获得的能量差别较大;起爆电源不足,没有达到每个电雷管所需的准爆电流;在水孔中,特别是在溶有硝酸铵的水中线中接头绝缘不良造成分流、短路而拒爆。

导爆索起爆产生拒爆的主要原因有:

导爆索受潮变质,起爆力不够;网络连接时搭接长度不够,传爆方向接反,联成锐角而造成拒爆;导爆索药芯渗入油质而拒爆;充填时线路受破坏或多段起爆时冲断线路。

② 残药

残药与盲炮的区别在于有无雷管的存在。残药中是已无雷管的剩余炸药。

残药产生的主要原因有:

起爆材料(主要是雷管)威力不够,不能起爆炸药;炸药保管不善,爆轰感度降低,或药卷直径小于其临界直径;水孔中炸药受潮;装填过程中由于堵塞或将炸药过于捣实而不能传爆;炮孔布置不合理产生带炮。

③ 盲炮、残药的预防

产生盲炮、残药的原因很多,下面简述一些预防盲炮、残药的主要措施：

a. 对于爆炸标准，要严格检验，妥善保管，防止使用技术性能不符合要求的爆炸材料。对有些性能指标降低的爆炸材料，必须经过复检及有关部门同意，采取可靠措施方能使用，这是预防盲炮、残药的重要手段。

b. 提高爆破设计质量，严格按设计施工。设计内容包括炮孔布置、起爆方式、网路敷设、起爆电流、网路检查等。无设计地盲目施工，往往是产生盲炮的根源。

c. 改善操作技术，特别对不能用仪器检查的非电起爆系统，如导火索、火雷管、导爆索、雷管与炸药；要认真操作。对电雷管要避免漏接、错接和折断脚线，电爆网路的接地电阻不得小于 1×10^5 Ω。

d. 在有水工作面或水下爆破时，应采取可靠的防水措施，避免爆炸材料受潮失效。尽量采用冲击摩擦感度低的浆状炸药、乳化油炸药。对起爆器材要进行深水防水试验，并在连接部位采取绝缘措施。

④ 盲炮、残药的处理

发现盲炮、残药要及时处理。不能及时处理的，要立即设置明显的警示标志，并采取相应的措施。在盲炮区域内，不得进行任何与处理盲炮无关的工作。一般应由原装药爆破人员当班处理盲炮。如本班不能处理或未处理完毕，必须做交接班工作，上班应将盲炮数目、炮眼方向、装药数量和起爆药包位置、处理方法和处理意见，在现场交接清楚，由下一班继续处理。在情况复杂时，还应研究制订处理方案和安全措施。

目前，常用的处理盲炮和残药方法有以下几种：

a. 重新起爆法经检查，盲炮中雷管未爆、线路完好时，可以重新联线起爆。重新起爆时，要检查药包最小抵抗线是否改变，并要在危险边界设警戒及采取相应的安全措施。重新起爆法适用于漏联、错联、断线等产生的盲炮。

b. 诱爆法利用木制、竹制或其他有色金属制成的小勺，小心地将堵塞物掏出，装起爆药包爆破。

c. 打平行眼装药爆破法在距浅孔盲炮 0.3~0.5 m 处,再打一平行眼装药爆破。露天矿深孔盲炮,在距炮孔不小于 2 m 处,打平行炮孔装药起爆。

d. 用水冲洗法,如果炮孔中为粉状硝铵类炸药,而堵塞物松散,可用低压水冲洗,使炮泥和炸药稀释,再妥善取出雷管。

残药中没有雷管,可采用上述处理盲炮的方法加以处理,残药往往不易发现,要仔细检查。严禁打残眼。

盲炮处理后,要仔细检查爆堆,将残余的爆破器材收集起来,未判明爆堆有无残留的爆破器材前,应采取预防措施。

(3) 高处坠落

人体从立脚点坠落至落点的垂直距离超过 2 m,并造成伤害的事故,称高空坠落事故,简称高坠事故。

高坠事故在露天矿山的人身伤害事故中排在第三位,对露天采场来讲,高坠事故绝大多数发生在台阶的上部和坡面上。另外在排土、卸料和一些非一线登高作业中也有发生,但是少数。

台阶上部的高坠事故,多数与生产场地狭小有关。因此,应规定在台阶边缘作业的人员必须使用安全带或设置安全网。

在台阶坡面上发生的高坠事故,几乎均与未使用安全绳有关。

多数露天矿山因受采矿设备的限制,又要在台阶坡面上凿岩、爆破、排除和清理浮石,各工序操作人员处于不稳定状态,尤其是一些乡(镇)、村办及个体矿山。因此,《乡镇露天矿场安全生产规定》规定:在距地面超过 3 m 或坡度超过 30°的台阶坡面上作业的人员,必须使用安全绳。同时还规定:安全绳应当拴在牢固地点。在使用前必须认真检查,其安全系数不得小于 5,尾绳长度不得大于 1 m。禁止两人同时使用一条安全绳。

正确使用安全绳和安全网是避免高坠事故的一条实用有效的途径。

(4) 滑坡事故

当边坡角太大时,岩体中有夹层或有黏土层等形成弱面,就会使岩体顺结构弱面滑落而引起事故。这种滑落一般在下列情况下

发生:

① 结构面倾向、走向与边坡一致;

② 结构面倾角小于边坡倾角;

③ 结构面下端在边坡上露出;

④ 结构面两端有自由面和其他结构面。

当边坡上出现上述情况时,又值边底采空,岩层自身的强度不能抵抗滑坡体向下滑动的力,这时就会发生沿层面滑落现象。

第八节 个体劳动防护用品

生产过程中存在各种危险和有害因素,可能会损害劳动者的身体健康,当这些危险和有害因素不能被消除和避免时,佩戴劳动防护用品就成为最后的一道防御措施。

防护用品的分类

1. 头部防护用品

头部防护用品是为了防御外来物体打击和其他因素危害头部而配备的个人防护装备,包括头部和颈部的防护。

根据防护功能划分主要有一般防护帽、防尘帽、防水帽、防寒帽、安全帽、防静电帽、防高温帽、防电磁辐射帽、防昆虫帽等。

2. 呼吸器官防护用品

呼吸器官防护用品用于阻止有害气体、粉尘、蒸气、烟、雾进入人体,或向使用者提供氧气或清洁空气,保证人员在尘、毒污染或缺氧环境中能够正常呼吸。主要有防尘口罩、防毒面具、呼吸器、自救器等。

呼吸器官防护用品的作用和使用注意事项

1. 防尘防毒用品的作用

(1) 防止生产性粉尘的危害。固体物质的粉碎、筛选等作业会产生粉尘,一旦这些粉尘进入肺部组织,日积月累就会引起肺组织的纤维化病变,也就是尘肺病。

(2) 防止生产过程中有害化学物质的伤害。使用呼吸器官防护用品将会防止、减少生产过程中的毒物(例如一氧化碳、苯等)侵入人体后引起的职业性中毒。

2. 过滤式防毒呼吸用品使用注意事项

(1) 使用前必须弄清作业环境中的毒物性质、浓度和空气中氧含量,否则禁止使用。当毒气浓度大于规定使用范围或空气中氧含量低于18%时,不能使用自吸过滤式防毒面具(或防毒口罩)。

(2) 应严格遵守滤毒罐的有效时间。在使用过程中必须记录滤毒罐使用过的时间、毒物性质、浓度等。若记录卡上累计使用时间达到滤毒罐规定的时间,应立即停止使用。

(3) 防毒呼吸用品应专人使用和保管,使用后应清洗、消毒。在清洗和消毒时,应注意温度,防止橡胶等部件因受温度影响而发生质变受损。

3. 供气式防毒呼吸用品的使用和注意事项

(1) 在用呼吸器除日常现场检查外,应每3个月(使用频繁时,间隔可少于3个月)进行一次检查。

(2) 空气呼吸器使用的压缩空气钢瓶,绝对不允许用于充氧气。所用气瓶应按规定定期进行耐压试验,凡超过有效期的气瓶,在使用前必须经耐压试验合格才能充气。

(3) 橡胶制品经过一段时间会自然老化、失去弹性,影响防毒面具的气密性。一般的,面罩和导气管每年应进行一次更新,呼吸阀每6个月应更换一次。若不经常使用并保管妥善时,面罩和吸气管可3年更换一次,呼气阀每年换一次。

3. 听觉器官防护用品

防止过量的声能侵入耳道,避免噪声对人身产生不良影响的个体防护用品,称为听觉器官防护用品。保护听力的器具主要有两类,一类是耳塞,另一类是耳罩。

4. 眼(面)部防护用品

眼(面)部防护用品是一种防止眼睛或面部受到烟雾、尘粒、金属火花和飞屑、热、电磁辐射、激光、化学飞溅等伤害的个人防护用品。

眼(面)部防护用品根据防护功能,大致可分为防尘、防冲击、防水、防高温、防电磁辐射、防风沙、防射线、防酸碱腐蚀、防强光九类。例如,防尘面罩、护目镜、防护罩、防冲击眼护具等。

5. 躯干防护用品

躯干防护用品就是指防护服。防护服按防护功能分为一般防护服、防水服、防寒服、防高温服、防砸背心、防毒服、阻燃服、防静电服、防电磁辐射服、防射线服、防(耐)酸碱服、防油服、水上救生衣、防昆虫服、防风沙服等。

6. 手部防护用品

手部防护用品按照防护功能主要包括一般防护手套、防毒手套、防静电手套、防酸碱手套、绝缘手套、防水手套、防寒手套、防高温手套、防X射线手套、防油手套、防震手套、防切割手套等。

7. 足部防护用品

足部防护用品(通常称作防护鞋)是防止生产过程中有害物质或能量损伤劳动者足部的防护用具,按防护功能可分为防滑鞋、防刺穿鞋、电绝缘鞋、防震鞋、防尘鞋、防水鞋、防寒鞋、防高温鞋、防冲击鞋、防静电鞋、防酸碱鞋、防油鞋、防烫脚鞋等。

8. 护肤用品

护肤用品用于防止皮肤(主要是面部、手部等外露部分)受到化学、物理等危险、有害因素的损害。皮肤用品分为防腐、防毒、防射线、防油漆及其他类。

9. 其他防护用品

防坠落用品。例如:安全带、安全网、安全绳、安全板、铁脚扒等。

电绝缘用品。例如:绝缘地板等。

第四章 危险源辨识

第一节 危险源与危险源分类

　　班组是企业生产管理中的最小单位,直接参与企业的生产活动,在作业过程中是直接接触危险和有害因素最多的群体,稍有不慎,极易造成安全事故的发生。因此,通过班组成员对自己所在作业现场的危险进行辨识,并采取有效的防范措施加以控制,才能实现和达到安全生产的目的。

一、危险源的概念

1. 两类危险源

　　危险源是指可能导致伤害、疾病、财产损失、环境破坏或这些情况组合的根源或状态,简而言之,就是事故发生的根源或源头。凡是有导致安全事故发生的各种因素都称为危险源。

　　根据危险源在事故发生和发展中的作用,把危险源划分为两大类,即第一类危险源和第二类危险源。

　　(1) 第一类危险源

　　根据能量意外释放理论,把系统中存在的、可能发生意外释放的能量或危险物质称作第一类危险源。

　　根据能量转移理论,工业生产中的工艺过程都是通过能量转移来实现的。能量既有做功的本领,本身又是危险源。当能量逆流于人体或失去控制时就可能发生事故,造成人身伤害或财产损失。

　　(2) 第二类危险源

　　导致约束或限制能量措施失效、破坏的各种不安全因素称作第二类危险源,包括人、物、环境三个方面的问题。

　　在生产、生活中,为了利用能量,让能量按照人们的意图在系统中流动、转换和做功,必须约束或限制能量,即控制危险源。

实际上,绝对可靠的控制措施并不存在。在众多因素的复杂作用下,约束或限制能量的措施可能失效,能量屏蔽可能被破坏而发生事故。

2. 危险源与事故

一般而言,第一类危险源的存在,是事故发生的前提;第二类危险源的出现,是第一类危险源导致事故的必要条件。在事故的发生、发展过程中,两类危险源相互依存、相辅相成。

第一类危险源在事故时释放出的能量,是导致人员伤害或财产损坏的能量主体,决定事故后果的严重程度;第二类危险源出现的难易程度,决定事故发生的可能性大小。所以,是两类危险源共同决定危险源的危险性。

系统中危险源的存在是绝对的,任何工业生产系统都有危险源。一个电插座、一杯开水、一个门槛、一盆吊兰都在危险源定义范围内。可以说,危险源广泛存在是客观事实。

二、危险源的分类

根据 GB/T13861—1992《生产过程危险和有害因素分类与代码》的规定,一般将生产过程中的危险、有害因素分为 6 类。这种分类方法所列的危险、有害因素具体、详细、科学合理,适用于各企业危险源辨识活动,为危险、有害因素的辨识提供了科学依据。

1. 物理性危险、有害因素的分类

物理性危险、有害因素的分类有以下 15 类:

(1)设备、设施缺陷。如强度不够、刚度不够、密封不良、稳定性差、应力集中、外形缺陷、外露运动件、制动器缺陷、控制器缺陷、设备设施其他缺陷等。

(2)防护缺陷。如无防护、防护装置和设施缺陷、防护不当、支撑不当、防护距离不够、其他防护缺陷等。

(3)电危害。如带电部位裸露、漏电、静电、电火花、雷电、其他电危害等。

(4)噪声危害。如机器噪声、电磁性噪声、流体动力性噪声、其他噪声等。

(5) 振动危害。如机械性振动、电磁性振动、流体动力性振动、其他振动等。

(6) 运动物危害。如固体抛射物、液体飞溅物、反弹物、岩土滑动、堆料垛滑动、气流卷动、冲击地压、其他运动物危害等。

(7) 电磁辐射。如电离辐射：X射线、α粒子、质子、中子、高能电子束等；非电离辐射：紫外线、激光、射频辐射、超高压电场等。

(8) 明火。如电焊、烘烤、煤气炉等。

(9) 能造成灼伤的高温物质。如高温气体、高温固体、高温液体、其他高温物质等。

(10) 能造成冻伤的低温物质。如低温气体、低温液体、其他低温物质等。

(11) 粉尘与气溶胶。如煤尘、有毒性粉尘、气溶胶。

(12) 作业环境不良。如基础下沉、安全过道缺陷、采光照明不良、有害光照、通风不良、缺氧、空气质量不良、给排水不良、涌水、强迫体位、气温过高、气温过低、气压过高、气压过低、高温高湿、自然灾害、其他作业环境不良等。

(13) 标志缺陷。如无安全标志、标志不清、标志不规范、标志选用不当、标志位置缺陷、其他标志缺陷等。

(14) 信号缺陷。如无信号设施、信号选用不当、信号位置不当、信号不清、信号显示不准、其他信号缺陷等。

(15) 其他物理性危险和有害因素。

2. 化学性危险、有害因素的分类

化学性危险、有害因素的分类有以下4类：

(1) 自燃性物质。如磷、其他具有自燃性质的物质等。

(2) 易燃易爆性物质。如易燃易爆气体、易燃易爆液体、易燃易爆固体、易燃易爆粉尘与气溶胶、其他易燃易爆物质等。

(3) 有毒物质。如有毒气体、有毒液体、有毒固体、有毒粉尘与气溶胶、其他有毒物质等。

(4) 腐蚀性物质。如腐蚀性气体、腐蚀性液体、腐蚀性固体、其他腐蚀性物质等。

3. 生物性危险、有害因素的分类

生物性危险、有害因素分类有以下 4 类：

（1）致病微生物。

（2）致害动物。

（3）致害植物。

（4）传染病媒介物。

4. 心理、生理性危险、有害因素的分类

心理、生理性危险、有害因素的分类有以下 5 类：

（1）辨识功能缺陷。如感知延迟、辨识错误、其他辨识功能缺陷等。

（2）负荷超限。如体力负荷超限、听力负荷超限、视力负荷超限、其他负荷超限等。

（3）从事禁忌作业。

（4）健康状况异常。

（5）心理异常。如情绪异常、冒险心理、过度紧张、其他心理异常等。

5. 行为性危险、有害因素的分类

行为性危险、有害因素的分类有以下 3 类：

（1）操作失误。如误操作、违章作业、其他操作失误等。

（2）指挥失误。如指挥失误、违章指挥、其他指挥错误等。

（3）监护失误。如措施不当、经验不足等。

6. 其他危险、有害因素。

第二节　危险源辨识内容及方法

一、危险源辨识与风险控制

1. 危险源辨识就是发现、识别系统中的危险。它是危险源评价、控制的基础，只有辨识了危险源，才能对其进行评价并根据不同危险级别采取相应措施。

2. 任何事故的发生不是偶然的，都是潜在风险积累的结果。

因此,控制事故首先要控制风险,见表4-1、图4-1。

表4-1 风险控制的基本原则

危险程度	需要采取的控制措施
可忽略的	不需要采取措施但必须检测
可承受的	通过检测来确保控制措施得以维持,不需要采取另外的控制措施
中度的	努力降低危险,但要考虑成本问题
严重的	调用相当的资源,立即采取紧急措施,以减小风险程度
不可接受的	为降低风险程度不能限制成本; 在风险降低之前,不应该开展或继续工作; 即使无限资源投入也不能降低危险,必须禁止工作

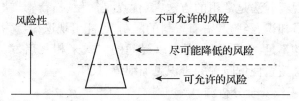

图4-1 风险与可接受度

二、危险源辨识的基本步骤

危险源辨识的基本步骤见图4-2。

图4-2 危险源辨识的基本步骤

三、危险源辨识的方法

一般常用的危险源辨识方法有以下 4 种：

1. 基本分析法

危险源辨识的基本分析法建立在危险源分类的基础上。对于某项作业活动,对照危害分类中物的不安全状态,认识不安全行为和管理上的缺陷,确定本项活动中的具体危险源,这就是基本分析法。

2. 直观经验法

一些现场存在的不符合法律、法规、标准、制度、规程的、简单的、表面上的问题以及这些问题导致的后果,都可依靠人员的观察分析,借助于经验和判断能力直观地评价对象的危险性和判断出可能发生事故或职业病,这就是直观经验法。

直观经验法是常用的方法,其优点是简便、易行；其缺点是受辨识人员知识、经验和占有资料的限制,可能出现遗漏。为弥补个人判断的不足,常采取专家或以提问的方式来相互启发,交换意见,集思广益,使危险源的辨识更加细致、具体。

3. 工作安全分析法

工作安全分析法是把一项作业分成几个作业步骤,识别整个作业活动即每一步骤中的危险源。

在识别的过程中,要以班组和活动类别为基础,针对班组中的各个作业类别进行识别,具体针对设备、设施、工装、工具、作业环境、人的行为、劳动保护用品、物料的使用、劳动组织、安全教育等内容,对照安全操作规程、安全检查表、各项标准、制度,查找出不安全因素,即危险危害因素。

4. 安全生产标准法

安全生产标准法是对设备设施、现场环境与职业健康、安全管理进行打分考评。危险源辨识可以参照考评表进行。考评表中不合格的项目就是危险源。

四、危险源辨识方法介绍

1. 提问法

（1）作业人员有可能受到的伤害

① 有无被机械设备、工具夹住的危险；

② 有无高处坠落的危险；

③ 有无被机械设备卷入的危险；

④ 有无因环境因素被跌倒的危险；

⑤ 有无可能触电的危险；

⑥ 有无伤害身体的作业姿势；

⑦ 有无被烫伤的危险；

⑧ 有无碰到其他物品的危险；

⑨ 有无将手、脚、腿切断的危险；

⑩ 其他方面有什么问题。

（2）设施、设备、物料或环境等不安全条件

① 有无机械设备突然运转起来的情况；

② 有无即将倒塌的危险；

③ 有无掉落的危险；

④ 有无物品溅起伤人的危险；

⑤ 有无易燃易爆的危险；

⑥ 有无适宜的管线和照明；

⑦ 在通道、过道中或者在工作区域内有无坑、洞、凸出物、杆状物；

⑧ 有无粉状物质喷射伤人的危险；

⑨ 有无化学物品、沙尘、辐射或者噪音污染环境的危险。

（3）不安全的作业习惯

① 不发出警告或者运动的信号；

② 不正确使用和穿戴个人防护装备及用品；

③ 使正在工作的人员分心、精力不集中；

④ 不遵守速度和装载限制；

⑤ 在设备上工作时不使用锁定装置；

⑥ 关闭或者移动警报和电子装置;
⑦ 使用不合格的零件、部件和工具;
⑧ 在有运动缺陷或危险的设备下工作、停留;
⑨ 使用无权使用的设备和工具。

2. 查找法

(1) 物的不安全状态

① 现场安全通道被检修用的工具、物件堵死可能绊倒人;
② 气焊用的乙炔瓶、氧气瓶距火源距离不符合标准,容易引起燃爆;
③ 乙炔瓶放倒使用;
④ 氧气瓶没有放倒措施;
⑤ 检修的天车下面没有防护网或防护栏;
⑥ 电焊机接地线虚连;
⑦ 物件摆放超高,有倾倒的危险;
⑧ 地坑没有护栏;
⑨ 检修作业使用的手电钻没有漏电保护器。

(2) 人的不安全行为

① 登高刷墙人员安全带没有挂,易发生高处坠落伤害;
② 施工人员没有戴安全帽可能被落物砸伤;
③ 电焊作业人员没有穿绝缘鞋易发生触电事故;
④ 使用梯子没有监护人,易发生摔伤;
⑤ 送电操作时,面对电闸,易引起电弧烧伤;
⑥ 天车吊物不鸣铃,下面人员不躲闪,可能造成落物伤害;
⑦ 天车吊物超重,易造成落物伤人;
⑧ 天车指挥人员手势不正确,易发生碰伤或机械伤人。

(3) 管理缺陷

① 外雇的电焊工、气焊工的特种作业证超期;
② 作业现场混乱并垂直交叉作业;
③ 作业现场没有安全负责人;
④ 开工前不进行安全讲话;

⑤ 外雇施工队没有签订安全协议；
⑥ 外雇人员没有进行安全教育；
⑦ 在用的天车状态不良,超期未检。
（4）职业健康危害
① 厂房内杂声超标,作业人员没有戴耳塞；
② 厂房内粉尘超标,作业人员没有戴口罩；
③ 厂房内的烟尘净化器没有使用,电焊烟尘超标。

第三节　班组危险预知活动

班组危险预知活动在作业前,在班组长或作业负责人主持下,利用安全活动时间及工前较短时间进行的、群众性的危险预测预知活动。这类活动类似于解放军作战前的诸葛亮会,发动群众讨论敌情,研究作战方案,克敌制胜,是控制人为失误,提高职工安全意识和安全技术素质,落实安全操作规程和岗位责任制,进行岗位安全教育,真正实现"四不伤害"的重要手段。

危险预知活动,分为危险预知训练和工前五分钟活动两步进行。前一阶段主要是发掘危险因素,提出预防措施,后一阶段重点落实安全操作规程。

一、危险预知活动分为四个阶段

1. 发现问题
2. 提出重点
3. 研究措施
4. 制定对策

通过危险预知活动,应明确下列内容：
① 作业地点、作业人员、作业时间；
② 作业现场状况；
③ 事故原因分析；
④ 潜在事故模式；
⑤ 危险控制措施。

二、工前五分钟活动

工前五分钟活动,是预知训练结果在实际工作的应用。由作业负责人组织从事该项作业的人员,在作业现场利用较短时间进行。要求根据危险预知训练提出的内容,对人员、工具、环境、对象进行"四确认",即安全操作规程的再复习、再落实到人。

第五章 现场安全检查

第一节 班组安全检查

班组安全生产检查,是企业安全生产管理工作的一个组成部分,是班组长履行安全生产职责的重要内容。班组安全检查是发现人的不安全行为、物的不安全状态、环境的不安全因素以及其他不安全因素的有效途径,是消除事故隐患、防止伤亡事故发生、改善劳动条件的主要手段和措施。

一、班组安全检查的类型

班组安全检查可分为定期检查、突击检查、专项检查等多种类型。

1. 定期检查

所谓定期检查是指根据预先拟订好的计划,在预定的时间内进行安全检查。

2. 突击检查

所谓的突击检查是事先没有列入计划的安全检查,但根据某种特定情况所进行的突击性检查。这种检查通常没有固定的时间,检查的对象一般为某种特种设备或某个小区域等。

3. 专项检查

所谓的专项检查对象可大可小。大到行业检查,小到某种专用设备,例如对锅炉、起重机械、气瓶、空压机、液化气站、乙炔站、油库、危险化学品库、变配电站、木工房等进行专业检查。这种专项检查可以根据上级要求进行,也可以公司自行安排,至少每年进行1~2次。在检查过程中对所查出的问题认真做好记录,及时进行整改。在班组没有能力整改的条件下,应该及时上报,并采取相应的安全措施,以防安全事故发生。

二、安全生产检查的一般程序

1. 制订安全检查的计划,确定检查的对象、范围、日期。
2. 组织落实参加检查的人员。
3. 编制安全生产检查表。
4. 对照安全生产检查表,进行检查。
5. 做好总结,写好安全生产检查报告。
6. 对安全隐患组织整改,下发"安全隐患整改通知书",明确"三定四不推"原则。
7. 组织复查,进行效果评价。

三、班组安全检查的主要内容

1. 明确检查成员。
2. 班组的各项安全记录做到了准确、齐全、清晰、工整,记录本保管完好、整洁。
3. 班组和每个岗位都有安全生产责任制和安全技术操作规程。
4. 新入厂、新调换工种的从业人员,离岗一个月后上岗的从业人员,上岗前全部进行了班组安全教育及考核,教育考核有记录。
5. 特殊工种人员持证上岗率达到100%。
6. 每周按规定的内容进行了安全活动,做到了人员、时间、内容三落实,活动有记录。
7. 全班人员都有自己的安全检查点、巡回检查路线及标准,并按点、路线、标准进行检查,检查有记录。
8. 按时进行班前安全讲话及班后安全讲评,并有记录。
9. 连续生产的单位认真执行了交接班制度,并有记录。
10. 危险施工现场有安全监护人,严格执行监督检查,每次都应有记录。
11. 所使用的设备、设施、工具、用具、仪表、仪器、容器都有专人保管,有安全检查责任牌,按时进行检查,检查有记录。
12. 所有设备、设施、工具、用具必须完好,安装前符合要求;

部件、附件完好齐全,连接牢固;防护、保险、信号、仪表、报警完好齐全,准确灵活,作用有效,该检验的应有记录,符合规定标准;所有场地的油气水管线闸门无跑、冒、滴、漏现象。

13. 应装置安全标志的地方,按标准装置且标志完好清晰。

14. 生产场地平整、清洁,无危险建筑及设施;生产的成品、半成品,所用的材料、原料,使用的用具、工具堆,摆放符合安全要求;无生产中不需要用的易燃易爆及危险物品,如需要,应有使用规定及防护措施;光线、照明要符合国家标准,应装置安全防护的地方都按标准进行安装。

15. 设备、设施等高处部位,不得有未固定的工具及其他物件。

16. 电气、电路安装正确、完好,该使用防爆电气的地方,按要求使用,应装防静电装置的地方,正确装置了防静电装置。

17. 消防设施、器材、工具按要求配备,保管完好,定期进行检验维修,实行挂牌制。

18. 禁烟火的生产场所,无火源及烟蒂、火柴棒,动火作业按要求办理动火手续,并制定严格的防护措施。

19. 进行有毒、有害的作业,有安全防护措施。

20. 生产场所无生产中不需要用的电炉、煤(汽、柴)油炉和液化气炉,经过批准使用的要有安全规定,并按规定执行。

21. 应装置避雷装置的地方,按要求正确地进行了安装。

22. 环保治理设施完好,运转正常,有运转记录。

23. 生产场所"三废"处理、排放符合国家标准。

24. 在用的锅炉、压力容器有注册标牌。

25. 所有上岗人员都严格遵守安全生产技术操作规程和各项安全生产规章制度,坚持岗位练兵。

26. 所有上岗人员都熟悉本岗位、本单位(车间、班组)的安全生产预防措施,可通过现场抽考来验证。

27. 所有上岗人员都正确使用了劳动保护用品、用具。

28. 所有上岗人员都没有违反劳动纪律。

29. 开展创建"三标"(标准化生产场地、岗位和班组)班组活动及记录情况。

第二节 常用设备的安全检查

检查设备安全,是为了保障设备的安全运行,各种设备设施的"隐患"如不及时予以消除,就有可能发生重大伤亡事故。如机械设备的机件磨损、疲劳锈蚀,设备更新,人员调动,情绪波动,以及老的隐患整改掉,新的隐患(危险因素)又出现等。为此,需要开展多种形式、多种对象、多种时段的安全生产检查。

一、机械设备安全检查

1. 机械安全检查的主要内容

(1) 机械设备布局。

(2) 机床的防护装置。如防护罩、防护挡板、防护栏杆、顺序联锁机构等。

(3) 机床的保险装置。如过载保险装置、行程限位保险装置、动作联锁保险装置、意外事故联锁保险装置、制动装置等。

(4) 工艺装备与附件。检查工艺装备、工位器具的强度、稳固性,回转部件动、静平衡,夹紧装置的可靠有效等。

2. 常用的传动装置

常用的传动装置有机械传动装置、电气传动装置、液压传动装置、气压传动装置以及它们的组合型式。

常用的机械传动机构有连杆机构(如冲床、牛头刨床主体都是连杆机构),棘轮机构(如自动机床上的进刀机构),带传动,链传动,齿轮传动,摩擦轮传动,螺旋传动(它是采用螺杆和螺母来实现传动的,广泛用于机床、起重、锻压等工业设备中),间隙运动机构(主要有棘轮机构和槽轮机构,应用于自动机床、纺织机械、印刷机械等工业设备中)。

3. 机构传动装置中的危险机械部件

机械传动装置中都存在由危险机械部件所构成的危险区域。

在一些特殊类型的机器中,如磨床、抛光机、冲床、木工机床等,其中的危险机械部件更应引起充分重视。其危险举例如下:

(1)转轴。应该注意,即使转轴的转速缓慢、平稳、无突出物,也存在危险性,人的衣服、头发等只要被绕上一圈,就能造成断肢折腿或撕掉头皮的后果。

(2)相对运动部件的夹轧。如齿轮机构的啮合区、一对滚筒的接触区、皮带进入皮带轮的区域等。

(3)运动部件上的突出物。如突出在转轴上或联轴器上的键、螺栓及其他紧固件。

(4)旋转部件不连续的旋转表面。如齿轮、带轮、飞轮的轮辐部分。

(5)蜗杆和螺旋。如螺旋输送机、绞肉机、混合机等都可能发生这类机构所导致的卷入夹轧事故。

4. 传动装置的安全罩

传动装置安全罩的要求:

(1)实用。安全罩应确保能遮盖住全部运动零件或危险区域,保证人体的任何部位不会与之接触;实用的另一层意思是,安全罩应完全排除自身的不安全因素,如安全罩上不允许有锐角及未经加工的表面;实用的第三层意思是,防护装置不应该妨碍操作。因此,在设计机器的同时,就要把防护装置考虑在内。

(2)坚固。指安全罩应该有足够的强度。通常安全罩采用金属板材、金属丝网、钢条、钢棒、强化塑料或有机玻璃等材料制作,在特殊情况下,也可用木材制作。

(3)耐久。安全罩要有一定的寿命。要求安全罩的材料要耐腐蚀、耐磨损和具有防火性能。耐久的第二层意思是,在设计安全罩时不能忘记日常维修的要求。

(4)美观。安全罩的设计不仅要注意其防护作用,还要讲究结构合理和外形线条流畅,使安全罩成为机器的一个组成部分。因此,它的设计应纳入整台机器的美学设计之中。

5. 联锁防护装置

联锁防护装置应能控制传动系统的操纵机构,使其只能在防护装置进入位置后才能启动。也就是说,当防护装置打开时,传动机构的启动装置被锁住;而当传动机构工作时,防护装置被联锁而不能打开,以防止人体触及传动机构而发生事故。常用的联锁防护装置有机械的、电气的、气动的或组合型的。

对于零件运动惯性小或切割后能立即停止的机器,可用比较简单的联锁装置,如运动部件上的凹凸结构,使之与防护装置或开关碰撞来进行联锁防护。为此,也经常使用限位开关和微动开关。

有些运动部件的惯性较大,在切断动力后会继续运转一段时间。因此,在联锁设计方案中,必须同时考虑制动和延时等装置。

6. 自动防护装置

自动防护装置应能阻止人与正在运转的传动装置或危险点相接触,或能在危险情况下停止传动装置的运转。自动防护装置通常由传动装置本身通过联锁或杠杆系统操纵。

自动防护装置主要有三种类型:

一类是自动防护装置,能把人体的任何部位从危险区中推出或拉出来。这类装置特别适用于金属压延机、切纸机、剪板机等非连续运转的往复部分,推或拉的机构通常是和机器的驱动机构相联系的。

另一类是利用光束在危险区扫描。这类配以光电管的光电防护装置常用于各种冲压机和木工机械中,但是它们需要有制动装置配合,并且精细地设计、安装和维护。这类装置的最大缺点是可靠性不够高。

还有一类是自动跳闸防护装置。通常有一个按预先调定压力动作的自动跳闸杆,当超过这一压力时,自动跳闸杆在制动装置的配合下,使机器停止运转。

7. 防止手入模的常用方法

冲压机械的安全装置分为安全保护装置和安全保护控制装置两类。

安全保护装置直接起保护人身安全的作用。它有栅栏式安全装置、拉手式安全装置和推手式安全装置等。

安全保护控制装置本身不能直接保护操作者人身安全,它是通过控制离合器、制动器来保护操作者的人身安全:包括双手操作式(双手操作按钮、双手操作手柄等)、非接触式(光电、红外控制、感应控制等)及其他安全控制装置。

双手操作式安全装置(包括双手操作按钮、双手操作手柄)应用较为普遍,是操作者必须同时操作两个按钮或两个手柄,才能使滑块起动。如果是用于多人操作的冲床上,则需采用多人双手操作式安全装置。

光线式安全装置是在冲床危险区前面设置光幕,当操作者的手或身体的某一部分遮断光线时,它立刻发出信号,使冲床的滑块不能启动或立即停止运行。

感应式安全装置是用感应幕将冲床的工作危及区包围起来。当操作者的手或身体的一部分伸进感应幕后,该装置经检测出感应幕的变化量,并输出信号控制冲床离合器,使冲床的滑块不能启动或立即停止运行。

在冲压加工过程中,操作者的手入模容易发生伤手事故。因此,推行"手不入模"的操作方法,是防止冲压伤害事故的一种重要方法。常用方法有:

(1)手不能进入模具。在压力机或模具上装设栅栏式装置,由于栅栏的隔离作用,在冲压加工时,手不能进入模具,从而保证操作安全。栅栏式安全装置又称遮挡式安全装置,在滑块下行期间,依靠防护栅栏的隔离作用,防止操作者的手或身体的一部分进入工作危险区。栅栏式安全装置可分为固定式和活动式两种类型。

(2)手不必进入模具。如采用机械化、自动化方式进行操作,不但提高生产效率,减轻劳动强度,而且还实现了安全生产。

(3)采用手用工具代替手入模操作。采用手用工具,如真空吸盘、电磁吸盘、钩子、钳子、镊子、推压棒等代替操作者的手进入模具放置和取出工件,一旦发生危险,工具受损坏,而手不会受到伤害。因此,用手用工具代替手入模操作,是防止冲床伤害事故的有效手段之一。

二、起重设备安全检查的主要内容

1. 起重设备是否经由技术质监部门验收合格。

2. 起重设备是否完好,动力设施的绝缘、接地是否可靠。

3. 检查钢丝绳的磨损、断丝、腐蚀、变形等情况。

4. 检查吊钩、滑轮是否有裂纹、缺损,以及磨损等情况。

5. 检查制动器制动的有效性,制动鼓、摩擦片、回位弹簧等的磨损、破损等情况。

6. 检查起重设备的安全装置是否齐全、完好、有效。包括过卷扬限制器、行程限位器、超负荷限制器、防碰撞的缓冲器、安全信号装置、安全联锁保险装置等。

7. 检查起重设备的辅助安全设施是否齐全、完好。包括照明灯具、喇叭、警铃、梯子、平台、防护栏杆、消防器材等。

三、厂内机动车安全检查的主要内容

1. 检查转向器、制动器的可靠有效性能。

2. 检查灯光、喇叭、雨刮器。

3. 检查轮胎充气压力,油箱、水箱、汽制动装置不得漏油、漏水气。

4. 检查工作装置的可靠、完好,操纵灵敏有效。

5. 检查货物装载合理性,无超重、超长、超高、超宽情况。

6. 检查(观察)车辆行驶速度,包括厂区道路,进出车间、库房内的行驶速度。

四、电气安全检查的主要内容

1. 电气设备是否完好,电气线路和设备安装是否符合规定要求。

2. 电工安全用具是否符合规定要求,是否做到定期校验。

3. 检查电气设备和线路是否采取相适应的绝缘、屏护或间距。

4. 检查接地(零)安全保护措施,接地是否良好、可靠。

5. 作业现场的动力、照明、电气箱(板、柜)是否符合电话安装规定。

6. 行灯连接导线是否符合要求,是否采用安全电压。

7. 易燃易爆作业现场是否采用相应的防爆电气设施。

8. 避雷装置是否符合要求并完好。

9. 电工作业是否实行工作票制度和挂牌制度。

10. 临时电源线架设是否符合要求,是否已办理"临时接线申请单"审批手续。

五、焊接与热切割安全检查的主要内容

1. 电焊所用的工具是否安全绝缘。

2. 电源线、焊接电缆与电焊机的接线处应有屏护罩。

3. 焊机插座应完好无损。

4. 接地(零)必须正确可靠。

5. 焊接变压器一次线圈与二次线圈之间,绕组与外壳之间的绝缘电阻不得少于 1 MΩ。

6. 电焊机的一次线应按临时线对待,限制在 2 m 以内,二次线接头不允许超过 3 个。

7. 电焊机的接地线不准接在有易燃易爆介质的管道或设备上。

8. 进行气割作业时,氧气瓶、乙炔瓶(乙炔发生器)与明火之间如无分隔措施,应保持 10 m 的距离;氧气瓶与乙炔瓶之间保持 5 m 的距离;氧气瓶及附件上都不能沾染油脂。

9. 乙炔发生器的安全附件必须齐全完好,乙炔发生器不得安置在空压机、鼓风机和通风机的吸口附近,也不得安置在高压线和吊车滑线下等处。

10. 在有燃、爆危险的生产区域内动火,必须按规定办好动火证。

11. 需进塔入罐作业,必须办理规定手续,并落实防范措施。

12. 焊工应持证上岗,并正确使用劳动防护用品。

六、通风设备安全检查的主要内容

1. 根据生产的工艺布置、有害物散发源位置及作业人员操作岗位和其他因素,检查通风方式(局部通风、全面通风或是混合通风等)是否合理。

2. 根据不同的作业环境和使用范围,检查所选择风机(普通风机、排尘风机、耐腐蚀风机、防爆风机、工业炉风机等)是否适当。

3. 根据生产过程中除热、除湿、有害气体散发量等具体情况,检查通风换气量是否达到要求。

4. 检查风罩的布置是否适宜,安装的位置是否恰当。

5. 检查风道系统的设计、布置是否合理。

6. 检查通风设备是否正常运转,系统有无破损,漏风等。

七、锅炉、压力容器安全检查的主要内容

1. 锅炉的技术资料是否齐全。

2. 锅炉使用证、锅炉年检合格证、司炉工操作证是否具备。

3. 锅炉本体、附件、仪表等的运转是否良好,严禁带病运行。

4. 锅炉的安全附件是否完好无损。包括:安全阀是否定期校验,定压是否有铅封;压力表是否灵敏、准确,是否定期校验并有铅封;水位表是否清晰,显示是否正常;给水设备是否畅通,能否可靠供水,并维持一定的水位;排污阀是否堵塞或有渗漏。

5. 锅炉的炉墙是否有裂缝,是否漏烟气,炉烘及耐火砖是否烧坏或脱落,隔烟墙是否有短路,阀门和管道联接法兰是否漏汽、漏水。

6. 锅炉的水质情况(如硬度、碱度、pH等)是否符合水质处理规定的要求。

7. 对停止运行的锅炉是否采取保护措施,方法是否适当。

锅炉是一种承受内压力、具有高温爆炸危险的特种热力设备,必须严格管理。

压力容器又叫受压容器。从广义上说,应包括所有承受压力载荷的密闭容器。

但在工业生产中,承载压力的容器是很多的,其中只有一部分

相对来说是容易发生事故的,而且事故的危害性比较大。所以把这类容器作为一种特殊设备,需要有专门机构进行监督,并按规定的技术管理规范进行制造和使用,按容器的压力分为低压、中压、高压和超高压4个等级。

压力容器要定期检验。承压设备长期承受压力,又受腐蚀、侵蚀、温度、交变载荷等的影响,在使用过程中常常会产生缺陷或原有的缺陷在扩展,如不及时发现和消除,会发生重大事故。因此,压力容器必须进行定期检验。至少每年作1次外部检查,每3年作1次内外部检查,每6年作1次全面检查。根据不同情况,检验周期可以缩短或延长。

锅炉汽水管道上安装的各种阀门,是锅炉设备不可缺少的附件。锅炉系统常用的各类阀门,有截止阀、闸阀、安全阀、排污阀、止回阀、减压阀、旋塞和疏水器,它们通常起到启闭作用、调节作用和节流作用。在蒸汽管道、给水管道的汽、水截止阀门和调节阀门上,应有明显的标志,指示汽、水的流动方向和阀门的开关方向。

八、金属热加工安全检查的主要内容

1. 金属熔炼设备、热锻冲打设备、热处理等金属热加工设备和起重运输设备是否处于完好状态,在生产过程中,是否发生磨损、龟裂和腐蚀,或者由于应力过大而使结合材料产生疲劳损坏。
2. 安全装置、设施、监控仪器、仪表是否齐全可靠。
3. 是否已安装通用除尘装置或通用换气装置。
4. 是否有防止热辐射危害而设置的隔热、降温设施。
5. 是否有消除或减轻噪声及振动的措施。
6. 采光照明是否足够。
7. 安全通道是否畅通、平坦。
8. 是否已配备金属热加工必需的防护用品,使用是否正确。

九、热处理过程中的危险因素

热处理的目的是为了使金属零件获得优良的机械性能、工艺性能、物理性能和化学性能,满足加工和使用的要求。热处理工艺方法虽然众多,但基本工艺过程都有加热、保温、冷却这三个阶段。

热处理过程中,容易发生的事故有火灾、爆炸、中毒、触电、烫伤、灼伤、撞伤和砸伤等,引起这些事故的主要因素是:

1. 高温因素。热处理工艺过程中,使用的高温设备多,易燃品多,容易引起火灾和烧伤。热处理炉的工作温度在 100 ~ 1 300 ℃,使用的燃料如煤气、燃油,表面淬火用的氧气和乙炔,淬火用油,渗碳用煤油、液化石油气等,还有盐浴炉中的溶盐都是易燃易爆物,操作稍有不慎,就会引起火灾或爆炸。另外,炽热的高温零件出炉淬火时,工人易受热辐射伤害或不慎灼伤。

2. 化学药品因素。热处理工艺过程中,使用盐类和各种化学药品以及有毒药品,盐浴炉使用的各种盐类的挥发物影响人体健康。特别是氰盐有剧毒,硝酸盐、铅、各种酸、硫化物、氨等,如管理或使用不当,都容易引起中毒或爆炸。

3. 用电因素。热处理车间使用的电器设备多,特别是电加热设备。有的用高电压电源,如各种加热炉都用高电压,而高频、中频、工频感应加热设备都是强电流;有的导线还是裸露的,所以容易引起触电。

4. 粉尘危害。喷砂、抛丸清理、用砂轮机磨削工件、用火花鉴别材料和磨制金相试样时,会产生大量的硅尘。

5. 机械伤害。棒料用机械校直或材料、工件起重运输时,可能发生碰伤、砸伤等机械伤害。

十、医药、化工生产安全检查的主要内容

1. 厂房建筑、防火间距、防爆结构、泄压面积、不发火地面、安全出入口、防爆隔离、围堤、水封隔油窨井、安全通风设施等是否符合建筑设计防火规范等要求。

2. 压力容器等设备的设计、制造是否符合规定要求;是否按压力容器安全监察规程的要求定期进行检验,设备是否保持完好状态。

3. 作业场地是否整洁,道路是否通畅,作业环境是否符合安全卫生要求。

4. 电气设备的配置是否符合爆炸危险场所电气安全规程的

要求。

5. 防火防爆装置、超压警报装置、安全泄压装置、安全联锁装置、安全控制装置等是否灵敏可靠。

6. 在禁火区是否执行安全动火制度和落实安全技术措施。

7. 是否已配备足够的消防设施和器材。

第六章　现场应急处置与自救互救

第一节　现场事故应急

企业班组想要更好地控制风险,就绝不能忽视事故应急。其中,应急准备和应急演练两个环节尤其重要。

一、应急准备

应急准备是为了能迅速有效地开展应急行动,针对可能发生的事故预先所做的各种准备。班组人员应做的准备包括:明确各自的职责,明了逃生路线、方法和疏散地点,掌握报警程序,熟练掌握常用的急救方法,熟知常见事故应急处置方案,救助其他人员,参与抢险和调查等。

1. 明确各自的职责

（1）班组长在应急管理中的职责

① 全面负责本班组应急管理工作。

② 负责组织逃生、救人、报警等演练,并对演习效果进行评价和改进。

③ 负责组织全体班组人员学习本企业和本车间等相关的各类应急预案。特别是要熟悉逃生路线、紧急集合地点、报警电话、急救方法等。

④ 向直接上级汇报事故情况。

⑤ 发生突发事故后,立即组织班组全体人员逃生、救人、疏散等。

⑥ 清点人数,发现未到者及时向上级汇报。

（2）班组成员的职责

① 学习并掌握急救知识、应急处置知识等。

② 掌握报警程序,如果是事故第一目击者,应立即报警。

③ 逃生、救人以及参与抢险和事故调查等。

④ 参与污染物清理、生产恢复等后期处置工作。

2. 明了逃生路线、方法和疏散地点

突发重大事故发生后,班组员工首先应该立即逃生,确保自己安全后,在有能力抢救身边的伤者情况下救助他人,最后才是参与救灾抢险。

既然要逃生,那就要事先明了逃生路线、方法和疏散地点,避免临时抱佛脚,乱了方向。通过平时的教育和培训以及其他安全活动,班组人员要认真学习逃生知识,熟记疏散路线、紧急集合地点、疏散程序以及一些指示标志,以确保事发时能够及时正确地逃生。

二、应急演练

1. 班组应急演练步骤

(1) 成立演练领导小组,确定演练计划,制定模拟报警人员、受伤人员。

(2) 发生紧急情况。

(3) 现场人员立即报警。

(4) 班组长启动本班组范围内的应急预案。

(5) 切断电源、气源。

(6) 全体人员沿制定逃生线路疏散。

(7) 班组职工在确保自己安全的情况下模拟救人、参与抢险,并保护好现场。

(8) 班组职工对伤者进行急救,例如:对伤者实施人工呼吸、制作担架、把重伤者送往医院等。

(9) 接到疏散指令后,全体班组职工迅速撤离到指定地点,班组长清点人数,检查伤亡情况,并把情况及时汇报有关部门。

(10) 演习结束,组织班组人员讨论演习过程中存在的问题,并提出整改意见。

(11) 班组长向上级汇报演习结果。

2. 注意的问题

(1) 全体职工必须在入厂时进行基本急救技能培训、自救与互救知识教育、逃生训练等。

（2）演练过程中必须听从指挥,按既定程序执行。

（3）特殊岗位的职工还要接受相应的急救知识,例如:放射作业人员要接受放射急救培训。

（4）注意观察周围的情况,发现异常情况立即汇报。

第二节 现场急救常识

一、触电急救

1. 触电急救最主要的是要动作迅速、正确地使触电者脱离电源。

第一步,使触电者脱离带电体。

对于低压触电事故,应立即切断电源或用有绝缘性能的木棍棒挑开和隔绝电流,如果触电者的衣服干燥,又没有紧缠住身上,可以用一只手抓住他的衣服,拉离带电体。但救护人不得接触触电者的皮肤,也不能抓他的鞋。

对高压触电者,应立即通知有关部门停电,不能及时停电的,也可抛掷裸金属线,使线路短路接地,迫使保护装置动作,断开电源。注意抛掷金属线前,应将金属线的一端可靠接地,然后抛掷另一端。

第二步,应根据触电者的具体情况,迅速对症救护。

一般人触电后,会出现神经麻痹、呼吸中断、心脏停止跳动等征象,外表上呈现昏迷不醒的状态,但这不是死亡。

2. 触电急救现场应用的主要救护方法是人工呼吸法和胸外心脏按压法。(见第三节有关内容)

二、危险化学品伤害急救

危险化学品事故现场急救,一方面要防止受伤者烧伤和中毒程度的加深,另一方面又要使受伤者维持呼吸。这是两条最为重要的现场救治原则。

1. 危险化学品急性中毒

危险化学品急性中毒,迅速将伤员救离现场,搬至空气新鲜、流通的地方,松开领口、紧身衣服和腰带,以利呼吸畅通,使毒物尽快排出,有条件时可接氧气。同时要保暖、静卧,并密切观察伤者病情的变化。

若为沾染皮肤中毒,应迅速脱去受污染的衣物,并用大量流动的清水冲洗至少15分钟。

面部受污染时,要首先注意冲洗眼睛;若为吸入中毒,应迅速脱离中毒现场,向上风方向移至空气新鲜处,同时解开中毒者的衣领,放松裤带,使其保持呼吸道畅通,并要注意保暖,防止受凉。

若为口服中毒,中毒物为非腐蚀性物质时,可用催吐方法使其将毒物吐出。误服强碱、强酸等腐蚀性强的物品时,催吐反而会使食道、咽喉再次受到严重损伤,这时可服用牛奶、蛋清、豆浆淀粉糊等。此时不能洗胃,也不能服碳酸氢钠,以防胃胀气引起胃穿孔。

现场如发现中毒者心跳、呼吸骤停,应立即实施人工呼吸和胸外心脏按压术,使其维持呼吸、循环功能。

2. 化学性皮肤烧伤

对化学性皮肤烧伤者,应立即移离现场,迅速脱去受污染的衣裤、鞋袜等,并用大量流动的清水冲洗创面20~30分钟(如遇强烈的化学危险品,冲洗的时间要更长),以稀释有毒物质,防止继续损伤和通过伤口吸收。新鲜创面上不要随意涂抹油膏或红药水、紫药水,不要用脏布包裹。黄磷烧伤时应用大量清水冲洗、浸泡或用多层干净的湿布覆盖创面。

3. 化学性眼烧伤

对化学性眼烧伤者,应在现场迅速用流动的清水进行冲洗,冲洗时将眼皮掰开,把裹在眼皮内的化学品彻底冲洗干净。现场若无冲洗设备,可将头埋入盛满清水的清洁盆中,翻开眼皮,让眼球来回转动进行清洗。若电石、生石灰颗粒溅入眼内,应当先用蘸有石蜡油或植物油的棉签去除颗粒后,再用清水冲洗。

三、煤气中毒急救

煤气是用煤或焦炭等固体原料,经干馏或气化制得的,其主要成分有一氧化碳、甲烷和氢等。煤气无色无臭,有毒,凡是有明火燃烧场所,如果密闭或通风极差,可因燃烧不完全而使空气中一氧化碳(CO)浓度大幅度增加,人们吸入后与血液中的血红蛋白结合,短时内就会发生急性一氧化碳中毒,主要表现是大脑因缺氧而昏迷,也叫煤气中毒。易与空气形成爆炸性混合物,使用时应引起高度注意。

煤气厂常在家用水煤气中特意掺入少量难闻气味的气体,目的是为了当煤气泄漏时能闻到并及时发现。

煤气中毒的症状:

脸色潮红、头痛、头晕、恶心、耳鸣,慢慢出现呼吸困难、意识障碍等。当感到煤气中毒时不要慌张,要镇静地关掉煤气开关,走到门窗边打开门窗,然后走出室内。如无力打开门窗,可砸破门窗玻璃等,使之通风,并呼叫救援者。

施救方法:

1. 救护者不要慌张地冲进煤气浓度很高的室内和区域中,防止自己中毒。

2. 进入室内施救必须先打开窗户通气,千万不能开灯、点火,谨防爆炸。

3. 将中毒者安全地从中毒环境内抢救出来,迅速转移到清新空气中。

4. 若中毒者呼吸微弱甚至停止,立即进行人工呼吸;只要心跳还存在就有救治可能,人工呼吸应坚持2小时以上;如果患者曾呕吐,人工呼吸前应先消除口腔中的呕吐物。如果心跳停止,就进行心脏复苏。

5. 尽量使中毒者吸入高浓度氧气,氧浓度愈高,碳氧血红蛋白的解离越快。吸氧应维持到中毒者神志清醒为止。

6. 如果中毒者昏迷程度较深,可将地塞米松10 mg放在20%的葡萄糖液20 ml中缓慢静脉注射,并用冰袋放在头颅周围降温,以防止或减轻脑水肿的发生,同时转送医院。

7. 如有肌肉痉挛,可肌肉或静脉注射安定10 mg以控制之,并减少肌体耗氧量。

8. 切记一定尽快将中毒者送至具备高压氧舱的医院,过程中还要给中毒者充分吸氧,并注意呼吸道的畅通。

四、烧伤的救治方法

1. <u>应立即将伤员救离火源</u>。救护者也应注意自我保护。
2. 火焰烧伤时,应立即脱去"火衣",或就地打滚灭火。
3. 普通的烧伤,若表面起水泡,局部发红,首先应该用冷水冲洗,这样可以降低局部的温度,减少高温引起的局部损伤。如果烧伤达到了2级或者3级,也就是说已经伤及真皮,或者严重的已经烧到了肌肉甚至骨骼,还有就是大面积烧伤,不擅自处理,争取时间把患者送往医院,以便能得到及时的补液和抗感染治疗。
4. 如果是化学物品烧伤,要立即用大量清水冲洗,然后包扎。
5. 用清洁的布、衣服、被单包扎创面,以防感染,不要在创面上涂抹药物或做其他处理,以免影响烧伤面深度的判断。
6. 情况严重者要立即送往医院。

五、机械伤害急救

1. 休克、昏迷急救

工作现场的休克昏迷是由于外伤、剧痛、脑脊髓损伤等造成的。

(1) 让休克者平卧,不用枕头,腿部抬高30度。若属于心原性休克同时伴有心力衰竭、气急,不能平卧时,可采用半卧,注意保暖和安静,尽量不要搬动,如必须搬动时,动作要轻。

(2) 吸氧和保持呼吸道畅通。用鼻导管或面罩给氧。危重病人根据情况给予鼻导管或气管内插管给氧。

(3) 立即与医务工作者联系,请医生治疗。

2. 骨折急救

对于骨折伤者,正确固定是最重要的。

骨折的现场固定方法:

(1) 固定断骨的材料可就地取材,如棍、树枝、木板、拐杖、硬纸板等都可作为固定材料,长短要以能固定住骨折处上下两个关节或不使断骨错动为准。

(2）脊柱骨折或颈部骨折时，除非是特殊情况如室内失火，否则应让伤者留在原地，等待携有医疗器材的医护人员来搬动。

（3）抬运伤者，从地上抬起时，要多人同时缓缓用力平托；运送时，必须用木板或硬材料，不能用布担架或绳床。木板上可垫棉被，但不能用枕头，颈椎骨骨折伤者的头须放正，两旁用沙袋将头夹住，不能让头随便晃动。

3. 严重出血的急救

止血的方法：

（1）一般止血法：一般伤口小的出血，先用生理盐水涂上红汞药水，然后盖上消毒纱布，用绷带较紧地包扎。

（2）严重出血时，应使用压迫带止血法。这是一种最基本、最常用，也是最有效的止血方法。适用于头、颈、四肢动脉大血管出血的临时止血。即用手指或手掌用力压住比伤口靠近心脏更近部位的动脉跳动处（止血点）。只要位置找得准，这种方法能马上起到止血作用。

（3）身体上通常有效的止血点有8处。一般来讲上臂动脉、大腿动脉、桡骨动脉是较常用的。上臂动脉：用4个手指掐住上臂的肌肉并压向臂骨；大腿动脉：用手掌的根部压住大腿中央稍微偏上点的内侧；桡骨动脉：用3个手指压住靠近大拇指根部的地方。

（4）其他止血方法。除了前面的压迫止血法外，还有止血带止血法、加压包扎止血法和加垫屈肢止血法等多种止血方法。

止血带止血法适用于四肢大血管出血，尤其是动脉出血。用止血带（一般用橡皮管，也可以用纱巾、布带或绳子等代替）绕肢体绑扎打结固定，或在结内（或结下）穿一根短木棒，转动此棒，绞紧止血带，直到不流血为止。然后把棒固定在肢体上。在绑扎和绞止血带时，不要过紧或过松。过紧会造成皮肤和神经损伤，过松则不能起到止血作用。

用这种方法有造成受伤肢体缺血而引起组织坏死的危险，所以，要注意以下几点：

① 止血带不能直接和皮肤接触,必须先用纱布、棉花或衣服垫好。

② 扎好止血带后,要尽快向医院转送。在转送中,要每隔一小时松解1~2分钟,以暂时恢复血液循环,然后在另一稍高的部位扎紧。

③ 扎止血带的部位不要离出血点太远,以避免使更多的肌肉组织缺血、缺氧。一般绑止血带的位置是上臂或大腿上三分之一处。

六、中暑急救

中暑是由于高温、日晒引起的一种急性疾病。

中暑后会出现头晕、头痛、全身无力、口渴、心悸、恶心、呕吐等症状,严重时会突然晕倒。中暑又可分为先兆中暑、轻症中暑及重症中暑。

中暑急救的方法:

让中暑病人立即离开高温环境,转移到阴凉通风处休息,并解开衣服,呈平卧姿势,同时让患者多喝含盐饮料。对于先兆中暑者,可不进行特殊治疗,让他自然恢复正常。对于重症中暑病人,要立即送医院抢救治疗。

中暑者体温过高时,可以用冰袋放在中暑者的头部、两腋下等处,用冰水(或酒精)擦身,用在凉水中浸湿的毛巾包上冰块擦额部和全身。此外,要用力按摩病人的四肢,防止血液循环停滞。还可进行凉水沐浴,使病人身体浸泡在凉水中(除头部),经10~20分钟后,擦干身体。在使用上述方法降温的同时,让病人喝含盐清凉饮料和凉开水,服用急救药水、人丹和其他降温药物。

七、毒气泄漏场所

遇到毒气泄漏时,应该立即报告有关部门。因为对于毒气泄漏的处理是有特殊要求的,作为一般人员,我们也要了解一些毒气泄漏处理的常识。

1. 若在毒气泄漏现场,应立即穿戴防护服装,并检查防毒面具等有没有什么漏洞,能否起到防护作用。如果没有佩戴防护服装或防毒面具时(这种情况是不允许在有毒品危险的场所工作的),就应该尽快用衣服、帽子、口罩等,保护自己的眼、鼻、口腔,防止毒气摄入。

2. 当毒气泄漏量很大,而又无法采取措施防止泄漏时,特别是在通风条件差、较封闭的场所,在场人员应迅速逃离毒气泄漏场所。

3. 不要慌乱,不要拥挤,要听从指挥,特别是人员较多时,更不能慌乱,也不要大喊大叫,要镇静、沉着,有秩序地撤离。

4. 撤离时要弄清楚毒气的流向,不可顺着毒气流动的风向走,而要逆向逃离。

5. 逃离泄漏区后,应立即到医院检查,必要时进行排毒治疗。

6. 还要注意的是,当毒气泄漏发生时,若没有穿戴防护服,决不能进入事故现场救人。因为这样不但救不了别人,自己也会被伤害。

八、高处坠落的急救

坠落产生的伤害主要是脊椎损伤、内脏损伤和骨折。为避免施救方法不当使伤情扩大,抢救时注意以下几点:

1. 发现坠落伤员,首先看其是否清醒,能否自主活动,若能站起来或移动身体,则要让其躺下用担架抬送医院,或是用车送往医院,因为某些内脏伤害,当时可能感觉不明显。

2. 若伤者已不能动,或不清醒,切不可乱抬,更不能背起来送医院,因为这样极容易拉脱伤者脊椎,造成永久性伤害。此时应进一步检查伤者是否骨折,若有骨折,应采用夹板固定,找两三块比骨头稍长一点的木板托住骨折部位,绑三道绳,使骨折处由夹板依托,不产生横向受力,绑绳不能太紧,以能够在夹板上左右移动1~2 cm为宜。

3. 送医院时应找一块能使伤者平躺的木板,然后在伤者一侧将小臂伸入伤者身下,并有人分别托住头、肩、腰、胯、腿等部位,同时用力,将伤者平稳托起,再平稳放在木板上,抬着木板送医院。

4. 若坠落在地坑,也要按上述程序救护。若地坑内杂物太多,应由几个人小心抬起,放在平板上抬出。若坠落地井中,无法让伤者平躺,则应小心将伤者抱入筐中吊上来。施救时应注意无论如何也不能让伤者脊椎、颈椎受力。

第三节 遭遇火灾逃生方法和事故现场报警、急救知识

一、遭遇火灾逃生方法

1. 逃生预演临危不乱。

每个人对自己工作、学习或居住所在的建筑结构及逃生路径要做到心中有数,必要时可按逃生路线图进行消防训练。

2. 熟悉环境暗记出口。

处于陌生环境,比如入住酒店、商场购物、进入娱乐场所时,务必留心疏散通道、安全出口及楼梯方位,以便关键时刻能尽快逃离现场。

3. 保持镇静明辨方向。

保持冷静,不要盲目出逃。要了解自己所处的环境位置,及时掌握当时火势的大小和蔓延方向,然后根据情况选择逃生方法和逃生路线。

4. 迅速撤离不贪财物。

逃生时不要为穿衣服或寻找贵重物品而浪费时间,也不要为带走自己的物品而身负重压影响逃离速度,更不要贪财,本已逃离火场而又重返火海。

5. 简易防护匍匐前进。

逃生时经过充满烟雾的路线,可采用毛巾、口罩蒙鼻,匍匐撤离的办法,开门窗前用手探查门窗温度以防烫伤;穿过烟火封锁区时,可向头部、身上浇冷水或用毛巾、湿棉被、湿毯子等将头、身裹好,再冲出去。

6. 胆大心细善用通道。

发生火灾时,除可以利用楼梯,还可以利用建筑物的阳台、窗台、屋顶等攀到周围的安全地点,再沿着落水管、避雷线等滑下楼,

脱险。

7. 高楼火灾忌乘电梯。

逃生时,一般不要坐电梯(消防电梯要在救护人员指挥下使用),应从安全出口逃生。其原因:一是火灾中,易断电而使电梯"卡壳",给救援带来难度;二是电梯直通楼房各层,火场的浓烟易涌入电梯中形成"烟囱效应"。人在电梯里随时都有可能被浓烟毒气熏呛或窒息而死亡。

8. 巧妙逃生滑绳自救。

用绳子或把床单、被套撕成条状连接成绳索,拴在窗框、暖气管、铁栏杆等固定物上,用毛巾、布条等保护手心,顺绳滑下或下到未着火的楼层脱落险境。

9. 堵塞门户固定待援。

假如用手摸房门已感到烫手,说明大火已经封门,再不能开门逃生。此时应关紧迎火的门窗,打开背火的门窗,用湿毛巾、湿布塞堵门缝或用水浸湿棉被蒙上门窗,然后不停地用水淋透房间,防止烟火渗入,固定在房内,直到救援人员到达。

10. 缓晃轻抛寻求救助。

被烟火围困暂时无法逃离的人员,要立即返回室内,用大手电筒、挥衣物、呼叫等方式向窗外发出求救信号,等待救援。

11. 走投无路厕所避难。

当逃离烟火区已无可能,又无其他条件可利用时,应冲向浴室、卫生间等。这些房间既无可燃物,又有水源。进入后,应闭门堵缝,向门泼水,打开排气扇,打开背火的窗子等待救援。

12. 身上着火切勿惊跑。

如果身上着火应及时脱去衣服或就地打滚进行灭火,也可向身上浇水,用湿棉被、湿衣物等把身上的火包起来,使火熄灭。

13. 辨明情况低层跳离。

火场上切勿轻易跳楼!在万不得已的情况下,住在低楼层(一般2层以下)的居民可采取跳楼的方法进行逃生。但首先要根据周围地形选择高度差较小的地方作为落地点,然后将席梦思床垫、沙发垫、厚棉被等抛下做缓冲物,并使身体重心尽量放低,做好准备以后再跳。

14. 互相帮助利人利己。

要发扬互助精神,帮助老人、小孩、病人优先疏散。对行为不便者可用被子、毛毯等包扎好,用绳子布条等吊下。逃生过程中若看见前面的人倒下,应立即扶起,对拥挤的人应给予疏导或选择其他疏散方法予以分流,减轻单一疏散通道的压力,竭尽全力保持疏散通道畅通,以最大限度减少人员伤亡。

15. 既已逃出不要回头。

一旦逃离危险区,受灾者就必须留在安全区域并及时向救助人员反映火场情况,即使发现还有人没撤出来,也不能贸然返回。正确的做法是,由消防人员组织营救。

二、掌握报警程序

事故发生后,作为现场第一发现人的班组人员,应该及时报警。除了清楚知道"119"、"120"外,还要牢记单位应急指挥中心的电话号码。因为只有及时地将情况报告给相应的上级领导,才能迅速地实施应急救援,尽可能地减少损失。

1. 班组人员必须清楚以下内容:
(1)现场报警方式,例如电话、警报器等。
(2)24小时与相关部门的通信、联络方式。
(3)相互认可的通告、报警形式和内容。

2. 报警的内容包括:
(1)发生事故的具体地点和时间。
(2)事故类型,例如火灾、爆炸、中毒等。
(3)发生事故的可能原因、影响范围。
(4)有无人员伤亡。
(5)事故的现状、严重程度及其他相关情况。

三、熟练掌握常用的急救方法

1. 口对口人工呼吸法
(1)使病人仰面、平躺;

（2）检查患者的呼吸,呼吸停止或微弱时应立即对其做人工呼吸;

（3）救护者两腿自然分开,与肩同宽,跪于病人肩与腰之间的一侧;

（4）开放病人气道,清理口腔异物,注意防止因舌根后坠堵塞喉部影响呼吸;

（5）一只手按住病人前额,另一只手的食指、中指将其下颌托起,使其头部后仰;

（6）救护者的拇指、食指捏紧病人鼻孔,吸足一口气后,用嘴唇严密地包住病人的口,以中等力量将气吹入病人口内,不要漏气;

（7）当看到病人的胸廓扩张时停止吹气,离开病人的口,松开捏紧病人鼻翼的拇指和食指,同时侧转头吸入新鲜空气,再施二次吹气。

注意: 每次吹气时间:成人为 2 秒钟,儿童为 1~1.5 秒钟。一只手捏紧病人鼻孔,另一只手扶住病人下颌,使嘴张开。救护人做深吸气后屏住,用自己的嘴唇包绕封住病人的嘴作大口吹气并观察病人胸部的膨胀情况,一次吹气完毕,应立即与病人口部脱离,放开鼻孔,让病人自动向外呼气。按以上步骤连续不断地进行人工呼吸,直至病人恢复呼吸。成年人每分钟大约吹气 12~16 次。

2. 胸外心脏按压法

胸外心脏按压法是伤者心脏停止跳动后的急救方法。做胸外心脏按压时,应使伤者仰卧在较结实的地方,姿势与口对口人工呼吸相同,操作方法如下:

（1）救护人员跪在伤者一侧或骑在其腰部两侧,两手相叠,手掌根部放在心窝上方(胸三分之一至二分之一处),双臂绷直,双肩在患者胸骨正中上方,按压时利用髋关节为支点,以肩、臂部力量向下按压,垂直下压,挤压后应迅速抬起掌根,让伤者胸部自动复原,但不能离开胸壁定位点,应保持双臂绷直。

（2）对于成年人,应压陷 3~4 cm,以每分钟按压 80 次左右为宜。

（3）当伤者一旦呼吸和心脏跳动都停止了，应及时进行人工呼吸和胸外心脏按压，也就是心肺复苏术。

（4）单人进行心肺复苏术时，每吹气2~3次，挤压心脏10~15次，吹气和挤压的速度都应慢慢提高。两人进行心肺复苏术时，动作必须协调配合，一人按压，一人吹气，以5∶1比率进行。

3. 口对鼻吹气法

若伤员口腔紧闭不能撬开时，也可用口对鼻吹气法，用一手闭住伤员的口，对鼻吹气。其余同口对口人工呼吸法。

4. 断指的处理方法

将断指用清洁的布包好，不要用水冲洗创伤面，也不要用任何溶液浸泡。若有条件，将包好的断指置于洁净的塑料袋内，再置于冰块中间。

5. 止血的方法

（1）毛细血管出血止血方法。血液从伤口渗出，出血量少，色红，危险性小，只需要在伤口上盖上消毒纱布或干净手帕等，扎紧即可止血。

（2）静脉出血止血方法。血色暗红，缓慢不断流出。一般抬高出血肢体以减少出血，然后在出血处放几层纱布，加压包扎即可达到止血目的。

（3）动脉出血止血方法。血色鲜红，出血来自伤口的近心端，呈搏动性喷血，出血量多，速度快，危险性大。动脉出血一般使用指压法止血。即在出血动脉的近心端用手指把动脉压在骨面上，予以止血。

6. 休克的处理办法

对于休克的患者应使其平卧保暖。有条件的可给氧，针刺人中穴，同时对引起休克的因素及时处理。

7. 电击伤抢救方法

（1）以最快速度使伤员脱离电源，即切断电源。若离电源较远，可用手边的干木棍、竹竿等拨开电线。

（2）将触电者移至通风处,解开衣服。

（3）当触电者呼吸心跳停止时,应立即进行人工呼吸和心脏按压。

（4）心跳和呼吸恢复后,应立即送医院继续救治。

（5）在进行人工呼吸时,可针刺人中穴,以促苏醒。

四、熟知常见事故应急处置方案

如火灾应急预案,中毒(包括化学品和食物等)应急预案,化学品泄漏应急预案,放射性事故应急预案,建筑物坍塌应急预案,环境污染事故应急预案,洪水、地震、台风等自然灾害预案。

第七章 标准作业改善与职业卫生

第一节 作业现场"5S"管理

班组应及时整理和整顿作业区域内的物品(包括物料数和器具等),合理存放和设置标志,采取措施防止作业场所污染。制定整理、整顿、清扫、清洁活动具体标准,将"5S"活动纳入每天工作任务中,班组长经常进行检查。因此,员工掌握一些作业环境的管理与维护方法,对于保持作业环境的整洁,防止事故的发生是非常必要的。

一、"5S"的含义

"5S"是整理、整顿、清扫、清洁、自律这5个词的缩写。近年来,"5S"在国内得到了广泛的应用,已被不少企业成功实践。"5S"提倡安全管理从基础工作抓起,通过整理、整顿、清扫、清洁、自律活动,可以使员工养成良好的行为习惯。

1. 整理。整理就是针对生产对象,区分现场物料需要与不需要的活动,不需要的移出作业点或处理掉,建立需要物料的上限存量,优化现场空间库存,改善和增大作业面积。

2. 整顿。整顿就是将现场那些不需要的物料、不需要的信息清除掉,把不合理的重新规划,把所需物料有条理地定位或定置摆放,使人流、物流、信息流(简称"三流")能合理协调,流动有序,提高时间利用率。

3. 清扫。清扫就是针对包括机器、工具、地面、墙壁和其他现场物料的生产现场打扫干净,做到无垃圾、无废弃物、无灰尘。

4. 清洁。清洁就是维持和巩固整理、整顿和清扫的效果,始终使现场保持整洁、干净的状态,其中包括个人清洁和环境清洁。清洁的状态包含三个要素,即干净、高效、安全。主要包括地面、窗户和墙壁、操作台、工具和工装、设备、货架和放置物料场所和通道的清洁等。

5. 自律。自律就是每天坚持整理、整顿、清扫及清洁,养成习惯,将这些活动视为每日工作的一部分,这是"5S"活动的核心。

二、现场开展"5S"的注意要点

1. 领导重视,身体力行做好"5S"的工作。一个企业"5S"活动开展得好与不好,关键在领导的重视程度。"5S"活动的推行要从最高管理者的办公室开始,继之以中层领导和管理干部,自上而下进行。作为管理者,当天公务完毕,办公桌上不应该留有一件不必要的物料,保持办公桌的宽敞、明亮、整洁。在生产、技术、质量、工程管理人员的办公室沿墙应有文件柜,保证每件公文都有合适放置的位置。

2. "5S"活动要持之以恒。"5S"活动要坚持不懈地进行,如果搞一阵风,活动就没有效果,不仅劳民伤财,而且还会适得其反,产生副作用,会使人们对"5S"活动失去信心。任何管理方法都不是灵丹妙药,都不可能一吃就灵,都需要长期的努力和探索,才能取得预期的效果。

3. "5S"活动要经常教育。人的良好习惯需要培养,开展"5S"活动也要有条不紊、有秩序地进行。要教育全体员工不断地思考如何改进"5S"工作,要鼓励全体员工不断提出合理化建议,并对这种合理化建议给予奖励。管理人员要经常到基层检查指导,及时发现、解决问题,创造一种真正实行"5S"的现场氛围。此外,还要采用多种多样的激励形式来促进员工创建整洁文明的作业现场。

4. 遵守规定和规则。遵守规定虽然道理很浅显,但未必人人都能做到。问题的关键是缺乏遵守规定的自觉性。要教育员工凡是企业的规定就应该遵照执行,这不仅仅是"5S"的要求,也是大工业生产的基本前提。

5. "5S"活动的评价。定期对"5S"活动进行评价是确保"5S"活动持之以恒的有效措施。企业应根据各自的实际情况,编制"5S"活动评价表,对本企业开展"5S"活动情况进行定期的评价。

通过评价寻找可以进行改进的方面,推动"5S"活动健康发展。

第二节　高温作业条件改善

工业生产中,常可遇到异常的气象条件,如高气温(35~38 ℃以上)伴有强辐射热,或高气温伴有高湿度(相对湿度超过80%)。在这种条件下从事的工作,称为高温作业。

高温作业是指以本地区夏季通风室外平均温度为参照基础,其工作地点具有生产性热源,工作地点气温高于室外温度2 ℃或2 ℃以上的作业。

一、高温作业类型

1. 高温、强热辐射作业。如冶金行业炼焦、炼铁、炼钢、轧钢等作业现场,机械制造行业的铸造、锻造作业现场,陶瓷、玻璃、建材行业的窑炉作业现场,发电厂(热电站)、煤气厂的锅炉房等。

2. 高温高湿作业。如纺织印染行业的作业现场、深井、煤矿等。

二、高温作业对健康的危害

在高温环境下劳动时,如果高温和热辐射超过一定限度,能对人体产生不良的影响,严重者可发生中暑。中暑分为三级。

1. 先兆中暑。在高温作业场所劳动一定时间后,出现大量出汗、口渴、头昏、耳鸣、胸闷、心悸、恶心、全身疲乏、四肢无力、注意力不集中等症状,体温正常或略有升高。如能及时离开高温环境,经休息后短时间内症状即可消失。

2. 轻症中暑。除上述先兆中暑症状外,尚有下列症候群之一,并被迫不得不停止劳动者:体温在38 ℃以上,有面呈潮色、皮肤灼热等现象,有呼吸、循环衰竭的早期症状,如面色苍白、恶心、呕吐、大量出汗、皮肤湿冷、血压下降、脉搏细弱而快等情况。轻症中暑在4~5 h内可恢复。

3. 重症中暑。除上述症状外,出现突然昏倒或痉挛,或皮肤干燥无汗,体温在40 ℃以上者。

三、防暑降温措施

1. 企业应结合技术改造,改进生产工艺过程和操作过程,改进工具设备,减少高温部件、产品暴露的时间和面积,避免高温和热辐射对工人的影响。

2. 合理安排高温车间的热源。

(1) 疏散热源。在不影响生产工艺操作的情况下,应尽可能将各种炉子移到车间外面(主导风向的下风侧);温度很高的产品和半成品(如红钢锭、红热的铸件、锻件等),要尽快移运到室外主导风向下风侧;一些不能尽快运出车间的红热部件,在不影响生产工艺过程的情况下,可应用喷雾降温。

(2) 新建、改建和扩建时合理布局热源。对于应用穿堂风的单跨或双跨厂房,应当把热源尽可能布置在主导风向的下风侧,靠着背风面外墙处;室外空气进入车间时,尽可能先通过工人操作地带,然后再通过热源排出,同时,在设计厂房总体布置时,应将热加工车间设在夏季主导风的下风侧,对热加工车间,尽可能不设计多跨厂房;热源比较集中的三跨厂房,应当把热跨布置在中间。

3. 当各种热源表面的辐射热和对流热显著影响操作工人时,应尽量采取隔热措施。采取隔热措施后,其外表面温度不超过 60 ℃,最好在 40 ℃ 以下。

4. 高温车间的防暑降温,应当首先采用自然通风。

5. 除工艺过程的要求或其他特殊需要的车间,应装设全面的机械通风,一般高温车间可利用自然通风外,还应根据温度、辐射热、气流速度的情况,在局部工作地点使用送风风扇、喷雾风扇等局部送风装置。

6. 高温、高湿及放散有害气体的车间,如电解、印染、缫丝车间等,应根据工艺特点,采用隔热、自然通风、机械送风及机械排风装置(隔热排雾罩等)。

7. 对于特殊高温作业场所,如高温车间的天车,应采用隔热、送风或小型空气调节器等设备(在使用空气调节器时,驾驶室内温度一般不应超过 30 ℃，风速不应超过 0.5 m/s)，并注意补充新鲜空气。

四、防暑降温保健措施

1. 对高温作业工人应进行就业前(包括新工人、临时工)和入暑前的健康检查。凡有心、肺、血管器质性疾病，持久性高血压，胃及十二指肠溃疡，活动性肺结核，肝脏病，肾脏病，肥胖病，贫血及急性传染病后身体虚弱，中枢神经系统器质性疾病者，不宜从事高温作业。

2. 对高温作业和夏季露天作业者，应供给足够的合乎卫生要求的饮料、含盐饮料，其含盐浓度一般为 0.1%～0.3%。清凉饮料的供应量，可根据气温、辐射强度大小和劳动强度的不同，分别供应。轻体力劳动一般每日每人供应量不宜少于 2~3 L，中等或重体力劳动不宜少于 3~5 L，但应防止暴饮。

3. 对辐射强度较大的高温作业工人，应供给耐热、坚固、热导率较小的白色工作服，其他高温作业可根据实际需要供给工人手套、鞋、靴罩、护腿、眼镜和隔热面罩等，并加强对防护服装的清洗、修补和管理工作。

五、防暑降温组织措施

1. 高温作业和夏季露天作业，应有合理的劳动休息制度。在气温较高的情况下，适当调整作息时间。早晚工作，中午休息，尽可能白天做"凉活"，晚间做"热活"，并适当安排休息时间。

2. 在暑季应根据生产的工艺过程，尽可能调整劳动组织，采取勤倒班的方法，缩短一次连续作业时间，加强工作中的轮换休息。

3. 高温作业车间应设工作休息室，并要求做到：

(1) 休息室应隔绝高温和辐射热的影响。

(2) 休息室应有良好的通风，室内温度一般以 30 ℃ 以下为宜。

(3) 休息室内要求设有靠椅、饮料，如有条件可增设风扇或喷雾风扇及半身淋浴等。

第三节 低温作业条件改善

低温作业是指在寒冷季节从事室外及室内无采暖的作业,或在冷藏设备的低温条件下进行的作业。

一、低温作业的危害

低温是一种不良气象条件,在低温环境中,机体散热加快,会使身体各系统产生一系列生理变化,可导致局部性或全身性损伤,如冻伤或冻僵,甚至造成死亡。

二、低温、冷水作业的防护措施

1. 实现自动化、机械化作业,避免或减少低温作业和冷水作业,并控制低温作业、冷水作业的时间。
2. 穿戴防寒服等个人防护用品。
3. 设采暖操作室、休息室、待工室等。
4. 冷库等低温封闭场所应设通信、报警装置。

第四节 职业卫生

职业危害因素可能有损从业人员的健康。职业危害因素的影响如果达到一定程度并持续一定时间,就会引发职业病。

防治职业病,用人单位是关键。回顾历史,职业安全卫生管理从一开始就是一种强制的政府行为。

国家制定《中华人民共和国职业病防治法》等法律法规,实行职业卫生监督管理。督促用人单位不断改善劳动条件,控制职业病危害因素,保护劳动者的健康。

一、职业危害因素的主要种类

生产经营活动中,包括生产过程、劳动过程和生产环境三个方面,客观存在职业危害因素。

1. 生产过程中的危害因素

生产过程中的危害因素是指工业性毒物、生产性粉尘、噪声、震动、高温、辐射或生物性等有害因素。

（1）化学因素。生产过程中使用和接触到的原料、中间产品、成品以及在生产过程中产生的废气、废水和废渣等，都可能对作业人员产生危害。主要包括工业性毒物、生产性粉尘等。

生产性毒物是指生产过程中形成或应用的各种对人体有害的物质，见表7-1。

表7-1 生产性毒物分类及举例

分类	举例说明
窒息性毒物	一氧化碳、硫化氢、氰化物、甲烷、二氧化碳等
刺激性毒物	光气、氨气、氯气、二氧化硫、氯化氢、苯及其化合物、高分子化合物、甲醇、乙醇、硫酸蒸气、硝酸蒸气等
血液性毒物	苯、苯的硝基化合物、氮氧化物、亚硝酸盐、砷化氢等
神经性毒物	铅、汞、锰、四乙基铅、二硫化碳、四氯化碳、汽油、有机磷农药、有机氯农药等

生产性粉尘是指能够较长时间悬浮于空气中的固体微粒。它包括无机性粉尘、有机性粉尘和混合性粉尘三类，见表7-2。

表7-2 生产性粉尘分类及举例

分类		举例说明
无机性粉尘	矿物性粉尘	砂、棉、煤等
	金属性粉尘	铁、锡、铅、铜、锰等金属及其化合物粉尘等
	人工无机性粉尘	玻璃纤维、金刚砂、水泥等
有机性粉尘	植物性粉尘	棉、麻、烟草、木材尘等
	动物性粉尘	毛发、骨质尘等
	人工有机粉尘	有机染料、塑料、人造纤维尘等
混合性粉尘	针对上述各种粉尘两种或两种以上混合存在而言，如金属研磨尘、合金加工尘、煤矿开采时产生的粉尘等	

（2）物理因素。不良的物理因素可能对作业人员造成职业危害。主要包括高温、低温、潮湿、气压过高或过低等异常的气象条件,噪声,振动,辐射等。

（3）生物因素。生产过程中使用的原料、辅料以及在作业环境中可能存在某些致病微生物和寄生虫,如炭疽杆菌、霉菌、布氏杆菌、森林脑炎病毒和真菌等。

2. 劳动过程中的有害因素

劳动过程中的有害因素与生产工艺、生产设备、生产制度、作业人员体位和方式以及智能化程度的劳动组织有关。

（1）劳动组织和劳动制度的不合理,如劳动时间过长,劳动休息制度不健全或不合理等。

（2）劳动中紧张度过高。如精神过度紧张,长期固定姿势造成个别器官与系统的过度紧张、单调或较长时间的重复操作,光线不足引起的视力紧张等。

（3）劳动强度过大或劳动安排不当。如安排的作业与从业人员的生理状况不适应,生产定额过高,超负荷的加班加点,妇女经期、孕期、哺乳期安排不适宜的工作等。

（4）不良工作体位。长时间处于某种不良的体位,如可以坐姿工作但安排站立,或使用不合理的工具、设备等,如操作台与座椅的高低比例不合适等。

3. 生产环境中的有害因素

生产环境主要指作业环境,包括生产场地的建筑结构、空气流动、通风条件以及采光、照明等,这些环境因素都会对作业人员产生影响。

（1）生产场所设计或安装不符合职业卫生要求。如厂房矮小、狭窄,门窗设计不合理等。

（2）车间布局不合理。如噪音较大工序安排在办公、住宿区域,有毒工序同无毒工序安排在同一车间内,有毒、粉尘工序安排在低洼处等。

（3）通风。通风条件不符合职业卫生要求,或缺乏必要的通风换气设备。

(4) 照明。车间照明、采光不符合职业卫生要求。

(5) 防尘、防毒、防暑降温。车间内缺乏必要的防尘、防毒、防暑降温措施,设备设施或已安装但不能正常使用等。

(6) 安全防护。安全防护措施或个人防护用品有缺陷或配备不足,造成操作者长期处于有毒有害环境中。

二、职业病的种类

职业性有害因素可能对人体造成有害影响。有害影响的产生及其大小,根据其强度(剂量)、人体与其接触机会及程度、从业人员个体因素、环境因素以及几种有害因素相互作用等条件的不同而有所不同。当有害作用不大时,人体的反应仍处于生理变化范围以内。若职业性有害因素对人体的作用超过一定的限度,并持续较长时间,则可能产生由轻到重的不同后果。

依据《中华人民共和国职业病防治法》的规定,职业病是指企业、事业单位和个体经济组织的从业人员在职业活动中,因接触粉尘、放射性物质和其他有毒、有害物质等因素而引起的疾病。

卫生部、劳动和社会保障部《关于印发〈职业病目录〉的通知》将职业病分为:

1. 尘肺;
2. 职业性放射性疾病;
3. 职业中毒;
4. 物理因素所致职业病;
5. 生物因素所致职业病;
6. 职业性皮肤病;
7. 职业性眼病;
8. 职业性耳鼻喉口腔疾病;
9. 职业性肿瘤;
10. 其他职业病。

职业病病人依法享受国家规定的职业病待遇。用人单位应当按照国家有关规定,安排职业重病病人进行治疗、康复和定期检查。用人单位对不适宜继续从事原工作的职业病病人,应当调离岗位,并妥善安置。用人单位对从事接触职业病危害的作业人员,应当给予适当的岗位津贴。

三、职业病的预防管理

1. 作业环境管理

在掌握了不同的作业及在作业环境中使用的物质、机器可能给人体健康带来何种危害的知识的基础上,必须考虑有效的作业环境对策。

(1) 换气设备:设置换气、排气设备,并时常进行保养、检查或改进。此外,还要设置必要的排出物收集、集尘装置。

(2) 环境测定:从最重要的环境因素开始,对作业的特性以及有害物质的发生源、发生量,随着时空的变化而变化的情况进行测定。对那些看似不重要的环境因素也不能轻视。

(3) 采用封闭系统,探讨自动化或代替物品的使用。

(4) 建立休息室,配置卫生设施等。

2. 作业管理

作业管理是指在给定的作业环境范围内,为使作业最安全、最舒适、最高效地进行而采取的保证措施。

(1) 进行职业卫生教育,特别是以使作业者对与之相关的作业对象的充分认识为目的的职业卫生教育为重点。

(2) 标准化和严格遵守标准及协调性的作业,是安全、高效地从事作业的重要保障,因此必须对机械的配置、清洁、整顿,有害物的表示及处理方法,作业程序,作业姿势,应当使用的器具等内容进行管理和监督。

(3) 责任者的选任及其职责权限的明确。

(4) 个人防护用品、用具的选用及保养管理。

3. 健康管理

健康管理是指对职工的健康状况进行定期检查,并依据检查结果对其进行适当处置的过程,它是以对职工健康障碍进行早期发现为主要目的的管理。

健康管理主要包括以下内容：

（1）建立健康检查制度分以下两种情况进行。

① 对新入厂员工（包括因调动工作新上岗的员工）进行从事岗位工作前的健康检查，根据检查结果，对其从事该岗位工作的适宜性与否作出判断。

② 对从事有害工种作业的职工，其所在单位要定期组织健康检查并建立健康档案。由于按规定接受职业性健康检查所占用的生产、工作时间，应按正常出勤情况处理。

（2）据健康检查的结果，既能观察职工群体的健康指标的变化，又可以对职工个体的健康状况逐一进行评价，并对其进行适当的健康指导和治疗。当职工被确认患有职业病后，其所在单位应根据职业病诊断机构的意见，安排其医治和疗养。对在医治和疗养后被确认不宜继续从事原有害工种作业的职工，应在自确认之日起的两个月将其调离原工作岗位，并另行安排工作。

第八章　典型事故案例

一、机械伤害事故案例

×年7月13日,×选矿厂,调度指令棒磨车间生产三班组织富矿线生产。

中班负责3号钢带岗位的操作工冯某、雷某(女)两人15时30分准时上班。至22时55分,冯、雷两人开始铲矿,清理场地、人行道的积矿。冯某铲非人行道上的积矿。距人行道约18 m。

事故发生时,3号钢芯皮带机头处只有冯某一人。非人行道的积矿较少,人行道的积矿较多,冯某铲完非人行道的积矿后,准备到人行道铲积矿。为了贪图方便,冯某拿着1.8 m长的铁铲,违章穿越正在以2 m/s速度运行的3号皮带间只有0.54 m宽、1.24 m高的空间弯腰穿过。当冯某正穿越时,一不小心,手里1.8 m长的铁铲一头触到运行中的皮带,将铲和人一起卷入钢芯皮带增紧轮,铁铲木柄被折断成三段,而冯某的头部顶着增紧轮外的支架,在高速运转的皮带挤压下,将冯某的头部切掉。

23时05分,雷某突然听到3号钢芯皮带机头处"啪"的一声响,这时3号钢芯皮带正好到点,按调度指令正常停机,雷即到发出响声的机头处察看、检查。在3号钢芯皮带机头增紧轮地下发现被压断的铁铲木柄,同时发现冯某已被压在3号钢芯皮带的增紧轮下。雷某即找来当班的副班长吕某到现场察看,发现冯某的身首已分离。

这次事故的原因是:

(1)冯某拿着长柄铁铲,违章穿越正在运行的皮带,是造成这次事故的直接原因。

(2)冯某安全意识淡薄,自我保护意识不强,违反安全操作规程中关于"严禁跨越皮带"、"在设备运行中的场所打扫卫生时,必须注意设备和人身的安全"的规定,自以为经验丰富,不会出问题,抱着侥幸心理,拿着长柄的铁铲违章穿越运行中的钢芯皮带,严重违反操作规程,是导致事故的主要原因。

(3)在管理上缺乏对事故的预见性,没有从深层次去加强防护设施,提高设备的本质安全水平,这是造成这次事故在管理上的原因。

(4)安全教育方面还有差距,是造成这次事故在管理上的另一个原因。

◎ 机械伤害预防的"三大措施"

(1)设备管理措施,包括建立规章制度,狠抓培训教育,搞好设备维护,加强安全检查。

(2)安全防护措施,包括设计装置的要求,设置护罩的规定,压力机械防护装置,金属切削防护装置,辊筒机械防护装置。

(3)安全操作措施,包括规范人的行为,控制过程安全,正确使用工具,设置安全标志。

二、起重事故案例

×年10月4日11时,×钢铁公司炼钢分厂发生一起天车吊起的矿石料斗将操作工撞下操作台的事故,造成1人死亡。

该炼钢分厂2号天车把吊运矿石料斗放在炉前操作台的平车上。指挥天车的王某在摘取料斗上的钢丝绳时发现天车钩落得太低,压住了钢丝绳。王某背向天车司机,举起右手,指挥天车司机将钩子升高一点。天车司机则认为料斗钢丝绳已经取下,就将天车开走,去完成另外的吊运任务。此时,由于钢丝绳未被取下而将矿石料斗重新吊起,并甩出2 m多远,将站在操作平台边缘的操作工张某撞下操作平台,头部严重受伤,抢救无效死亡。

这是一起严重伤害事故。天车司机在视线不清,误判指挥信号的情况下,贸然开动天车,将吊斗重新吊起并甩出2 m多远,是导致该事故的直接原因;操作工王某背向天车司机指挥是导致该事故的间接原因;死者张某站在天车运行区域内,是导致该事故的次要原因。

◎ 起重机司机的"十不吊"

所谓"十不吊",是指起重机司机在工作中遇到以下十种情况时不能进行起吊作业:

(1) 超载或被吊物重量不清。

(2) 指挥信号不明确。

(3) 捆绑、吊挂不牢或不平衡可能引起吊物滑动。

(4) 被吊物上有人或浮置物。

(5) 结构或零部件有影响安全工作的缺陷或损伤。

(6) 遇有拉力不清的埋置物件。

(7) 工作场地光线暗淡,无法看清场地、被吊物情况和指挥信号。

(8) 重物棱角处与捆绑钢丝绳之间未加垫。

(9) 歪拉斜吊重物。

(10) 易燃易爆物品。

三、登高事故案例

事故经过:×年3月7日下午15时左右,×锅炉厂1名员工在登竹梯过程中,因竹梯横挡已损坏,踏空坠落地面(高7 m)。后经抢救无效死亡。

原因分析:违反使用梯子的管理标准。经查证,两部单梯用了绑扎法。部分竹梯横挡已损坏;上端未扎牢,下端无防滑措施;没有人监护。这些为事故埋下了隐患。作业人员防范意识较差,未戴安全帽,也没有检查竹梯的危险状态,盲目登梯,结果踩踏到已损坏的横挡上发生坠落事故。

经确认,使用坏梯子是本起事故的起因,盲目登爬是引发事故的触发条件,也是事故的直接原因。

◎ 登高作业"十不准"

(1) 患有高血压、心脏病、贫血、癫痫等症的人不准登高。

(2) 无人监护不准登高。

(3) 没有戴安全帽、系安全带,不扎紧裤管不准登高。

(4) 作业现场有六级以上大风及暴雨、大雪、大雾不准登高。

(5)脚手架、跳板不牢不准登高。

(6)梯子撑脚无防滑措施不登高,不穿防滑鞋不准登高。

(7)不得攀爬井架、龙门架、脚手架,不能乘坐非载人的垂直运载设备登高。

(8)携带笨重物件不准登高。

(9)高压线旁无遮栏不登高。

(10)光线不足不登高。

四、焊割事故案例

×年5月16日上午,×微型汽车厂(以下简称×厂)涂装车间,新面漆返修线的设备提供商——江苏省×市南兴涂装输送设备厂(以下简称南兴厂)副厂长奚×、职工单×,在×厂涂装车间工程师孟×的请求下,对返修线喷漆室脱落的门铰链进行修理。

在没有取得批准动火的通知、没有安全监护、没有采取有效防护措施、没有特种作业证的情况下,不听劝阻、违章动火作业。用电焊焊接喷漆室脱落的铰链,导致了特大火灾事故发生。

该市消防队9时45分接到火灾报警后,即出动2辆消防车、7名专职消防人员赶赴现场灭火;市消防支队在9时54分接到增援报警后,即调派12辆消防车、40名消防队员赶到现场灭火,10时15分火势得到控制,10时20分大火基本扑灭。

据查证,起火原因是由于南兴厂奚×、单×在该厂涂装车间面漆返修线违章动火,进行电焊作业时,焊渣溅落到喷漆室门内的栅格板下面地沟的积漆上,引燃积漆造成火灾发生。该起火灾事故过火面积278 m^2,直接财产损失900多万元。无人员伤亡。

◎ 焊工应遵守的"十不焊割"规定

(1)焊工未经安全技术培训考试合格、领取操作证,不能焊割。

(2)在重点要害部门和重要场所,未采取措施,未经单位有关领导、车间、安全、保卫部门批准和办理动火证手续,不能焊割。

(3)在容器内工作没有12 V低压照明和通风不良及无人在场监护不能焊割。

（4）未经领导同意，车间、部门擅自拿来的物件，在不了解其使用情况和构造情况下，不能焊割。

（5）盛装过易燃、易爆气体（固体）的容器管道，未经用碱水等彻底清洗和处理消除火灾爆炸危险的，不能焊割。

（6）用可燃材料充作保温层、隔热、隔音设备的部位，未采取切实可靠的安全措施，不能焊割。

（7）有压力的管道或密闭容器，如空气压缩机、高压气瓶、高压管道、带气锅炉等，不能焊割。

（8）焊接场所附近有易燃物品，未进行清除或未采取安全措施，不能焊割。

（9）在禁火区内（防爆车间、危险品仓库附近）未采取严格隔离等安全措施，不能焊割。

（10）在一定距离内，有与焊割明火操作相抵触的工种（如汽油擦洗、喷漆、灌装汽油等工作会排出大量易燃气体），不能焊割。

五、触电事故案例

×年6月13日×砂厂发生一起汽车修理工触电事故。

现年39岁的汽车修理工奚某应朋友之邀，于6月13日15时左右，前往一砂厂处理电气故障时，在没有任何防护措施的情况下，徒手爬上12 m高的高压电线杆断电。当他将竹竿伸至保险丝带电端时，强大的电流将他击落，当场昏迷，五官出血，背部、腰部、手臂、脚趾等处被严重烧伤。虽被及时送到医院抢救，但因伤势过重，抢救无效死亡。

电气检修工作是项技术性很强的工作，应由经过严格培训持证上岗的电工去完成。特别是在高空检修电气线路（包括高空拉闸断电等），除操作电工外，还应有安全监护人员，监护人员认真负责、精力集中，随时提醒工作电工应注意的安全，以防发生意外。

该砂厂处理电气故障，怎能邀请非正式电工人员去干呢？该汽车修理工没有"持证"怎能"上岗"呢？没有安全防护措施，没有安全监护人员，就敢去从事高空危险作业，这不是把生命当儿戏吗？

这是一起电伤造成的触电事故,也有电击的作用。由电流热效应造成多处烧伤,由电击引起内脏受损造成五官出血。

为防止发生触电事故,应严格要求电工经专门培训持证上岗,操作时严格按操作规程办事。"电"同"水"、"火"一样是无情的,触电事故的危险性甚至比水、火灾害的危险性更大。它是在没有任何预兆的情况下突然发生的。人体在电流的作用下,防卫能力迅速降低。预防触电事故的发生是所有企事业单位的员工都应引起重视的工作。

◎ **电气安全"十不准"**

(1) 无证电工不准装接电气设备。

(2) 任何人不准玩弄电气设备和开关。

(3) 不准使用绝缘损坏的电气设备。

(4) 不准利用电热设备和灯泡取暖。

(5) 任何人不准启动挂有警告板和拔去熔断器的电气设备。

(6) 不准用水冲洗揩擦电气设备。

(7) 熔丝熔断时不准调换容量不符的熔丝。

(8) 不准在埋有电缆的地方,未办任何手续进行打桩动土。

(9) 有人触电时,应立即切断电源,在未脱离电源前不准直接接触触电者。

(10) 雷电时,不准接近避雷器和避雷针。

六、防火防爆事故案例

×年5月某日3时,×化工厂安装在室外的中压变换炉进气无缝钢管90度弯头突然破裂,大量易燃混合气体高速冲出裂口,形成火龙,射向地面,反弹后又冲向操作室,冲开房门和冲碎玻璃,引燃室内可燃物和工人身上的工作服,造成4名工人大面积深度烧伤,直接经济损失200余万元。

造成这次事故的原因是:

(1) 弯头局部严重腐蚀,在系统压力下破裂。另外,弯头的弯曲半径 R 小于下限值。

(2) 点火源是静电放电。

（3）操作室位置不合理和门的开向不对是导致事故扩大的原因。另外，操作工身着的工作服不合规定也是造成烧伤的原因。

◎ **防火防爆"十大禁令"**

（1）严禁在厂区内吸烟及携带火种和易燃、易爆、有毒、易腐蚀物品入厂。

（2）严禁未办理动火手续，在厂区内进行施工用火或生活用火。

（3）严禁穿易产生静电的服装进入油气区域工作。

（4）严禁穿带铁钉的鞋进入油气区及有易燃、易爆装置区。

（5）严禁用汽油、易挥发溶剂擦洗设备、衣物、工具及地面等。

（6）严禁未经批准的各种机动车辆进入生产装置、罐区及易燃、易爆区域。

（7）严禁就地排放易燃、易爆物料及化学危险品。

（8）严禁在油气区用黑色金属或易产生火花的工具敲打、撞击和作业。

（9）严禁堵塞消防通道及随意挪用或损坏消防设施。

（10）严禁损坏厂内各类防爆设施。

后 记

经过半年多的策编工作,《企业班组长安全管理》终于和广大读者见面了。本书共分8章,以班组安全管理为中心,分别阐述了班组长的职责、班组长安全管理方式方法、安全技术防护、危险因素的辨识、现场安全检查与隐患排查、现场应急处置、职业卫生、事故案例分析,具有一定的指导性、实践性和适用性,对企业班组安全建设能起一定的借鉴作用。

本书由常州市武安安全生产培训服务中心的同志主编,褚福银、昝夏青、李建军、翟瑞媛等同志对全书进行了统筹,在这里一并向他们表示衷心的谢意。